Corinna Brünger

Der Berg ruft

Hochalpiner Wanderführer für Hund und Halter

Titelbild Gestaltung /Idee: Corinna Brünger
Fotos: Corinna Brünger
Kynologische Beratung: Susanne Kerl, Red. Der Hund, DBV GmbH
Berlin

© Copyright Pro Hund Verlagswesen & Dienstleistungsagentur für
Hundehalter
Corinna Brünger, Bethelweg 39 a, 33617 Bielefeld
1. Auflage Januar 1996
2. überarbeitete Auflage Juni 1996
mit 10 Farbfotos

Druck: Gieseking GmbH, Bielefeld

ISBN 3-9805191-0-4

Alle in diesem Wanderführer beschriebenen Wanderungen, Ausflugs-
vorschläge und sonstigen Hinweise erfolgten nach bestem Wissen und
Gewissen. Sie beziehen sich ausschließlich auf eigene Erfahrungen der
Autorin und geben somit die persönlichen Eindrücke wieder. Trotz
sorgfältiger Bearbeitung kann für die Richtigkeit keine Gewähr über-
nommen werden, ebenso für eventuell zwischenzeitlich eingetretene
Veränderungen in den Wandergebieten. Die Benutzung dieses Wander-
führers geschieht auf eigenes Risiko. Eine Haftung für etwaige Unfälle
und Schäden jeglicher Art wird aus keinem Rechtsanspruch übernom-
men.

Vorwort

Im Rahmen meiner Dienstleistungsagentur für Hundehalter entstand 1994 und 1995 eine "Urlaubsliste für Hundehalter" mit 1.500 hundefreundlichen Unterkünften in 9 Ländern Europas. Inzwischen ist aus der Urlaubsliste ein Sondermagazin geworden (Deutscher Bauernverlag GmbH, "Der Hund im Urlaub"). Da das Thema "Urlaub mit Hund" für viele Hundehalter ein Problem ist, sah ich mich veranlaßt, einen "Bergwanderführer für Hundehalter" zu erstellen.

Ich bin selbst Hundebesitzerin und kenne die vielfältigen Probleme, die ein Urlaub mit dem Hund mit sich bringen kann. Das Gelingen der Urlaubsplanung und ein erholsamer Urlaub hängen ganz wesentlich von der guten Vorbereitung und Planung ab. Wenn Sie ein hundegerechtes Urlaubsgebiet aussuchen, sich vorher gut informieren, auch über die Freizeitmöglichkeiten mit Ihrem Tier und rechtzeitig genug den Urlaub planen, so kann der Urlaub im "Rudel" ein voller Erfolg werden. Dieses Buch soll dazu beitragen, daß noch mehr Hundehalter ihr Tier wirklich in die Familie einbeziehen. Sehr viele Hundehalter fahren immer noch jedes Jahr ohne ihren vierbeinigen Liebling in Urlaub, weil sie entweder Probleme im Urlaub befürchten oder aber den Hund im Urlaub als "lästiges Übel" betrachten. Natürlich ist man als Hundehalter im Urlaub in gewisser Weise eingeschränkt. Jeder Tierfreund wird seinem Tier weder einen 8 Stunden langen Flug eingesperrt in einem Behältnis, noch einen Badeurlaub bei 40 Grad im Schatten zumuten wollen. Es gilt Wege aufzuzeigen, wie man den Urlaub mit Hund gestalten und dabei Mensch und Tier gerecht werden kann.

Der Hund ist bekanntlich ein Rudeltier und ein sehr soziales Wesen. Für mich käme ein Urlaub ohne meinen "Charly" nicht in Frage. Ich bin der Meinung, daß man zu Entscheidungen, die man fällt, auch stehen sollte. Der Hund hat nicht mich ausgesucht, sondern ich nahm ihn zu mir. Hätte ich Kinder, so würde ich diese ja auch nicht für mehrere Wochen an Fremde abgeben, nur um in Urlaub zu fahren. Es freut mich, daß Sie auch zu Ihrem Tier stehen, und es bleibt zu hoffen, daß sich dieses Bewußtsein bei immer mehr Hundehaltern durchsetzt. Jährlich zur Urlaubssaison werden 120.000 Tiere in Deutschland ausgesetzt. Wenn das Sondermagazin und dieses Buch bewirken könnten, daß mehr Menschen eine Chance sehen mit "Waldi" oder "Rocky" in den wohlverdienten Urlaub zu fahren, dann bleibt vielleicht einigen Tieren in Zukunft so ein Schicksal erspart.

Alle geschilderten Wanderrouten sind von uns in den vergangenen Jahren mit unserem Hund begangen worden. Grundlage für diesen hochalpinen Bergwanderführer sind meine Reisetagebücher aus den vergangenen Bergwanderurlauben. Es soll auf keinen Fall der Eindruck entstehen, als wäre es nur auf den angegebenen Routen möglich, mit Hund zu wandern. Natürlich gibt es in Österreich, Norditalien, aber auch in der Schweiz und den deutschen Alpen, noch viele andere Regionen und Wanderstrecken, die mit Hund ideal sind. Daß unser Hund "Charly" diese Wandertouren geschafft hat, bedeutet natürlich nicht unbedingt, daß jeder andere Hund dafür geeignet ist. Deshalb auch im Kapitel 1 der Hinweis auf rassespezifische Eigenschaften, Kondition, Gesundheit und Alter des Tieres. Wie problemlos der Urlaub mit dem Hund wird, hängt nicht zuletzt auch von dessen Erziehung ab.

Im Buch abgegebene Meinungsäußerungen sind natürlich subjektiv. Es mag durchaus sein, daß ich eine Berghütte als "urig und schön" beschreibe, die Sie überhaupt nicht so sehen. Ich hoffe aber, daß Ihnen die Lektüre brauchbare Informationen liefert und auch zu Ihrer Urlaubsplanung beiträgt.

Auf jeden Fall wünschen "Charly" und ich Ihnen schon jetzt einen "tierisch" guten Urlaub.

Bendorf, im Januar 1996

Corinna Brünger

In der hier vorliegenden 2. überarbeiteten Auflage war es durch Mithilfe von "Chappi" und "Frolic" möglich, das Buch mit Farbfotos zu versehen. Desweiteren sind die kynologischen Beratungsergebnisse überarbeitet worden.

Bielefeld, im Mai 1996

Corinna Brünger

Inhaltsverzeichnis

Kapitel 1

Kapitel 2

Höhenwanderungen im Tauferer Ahrntal/Riesenferner Gebirge

Kapitel 3

Höhenwanderungen Ortlerregion/Stilfser Joch Naturpark

Kapitel 4

Höhenwanderungen im Hochmontafon / Arlberg / Silvretta Gruppe

Kapitel 5

KAPITEL 1

Generelles zum Bergwandern mit Hund

Seit einigen Jahren sind wir privat nicht nur auf den Hund, sondern wegen des Hundes auch auf das Bergwandern gekommen. Gerade die traumhaft schönen und teilweise noch sehr einsamen Bergregionen der deutschen, italienischen und österreichischen Alpen sind für Hundehalter wunderbare Urlaubsziele.

Für uns war nie eine Frage, ob unser Mischlingsrüde "Charly" mit in den wohlverdienten Urlaub fährt. Die Frage, die sich stellte, war einfach "wohin", wenn man auch dem Tier gerecht werden will. Beim Urlaubsaufenthalt in den Bergen hat man, aus meiner persönlichen Sicht, einige Vorteile gegenüber anderen Urlaubsregionen. Die beinahe unendlich erscheinende Bergwelt bietet eine, soweit das in unseren Breitengraden überhaupt noch möglich ist, nahezu unberührte Natur. Der Hund hat die Möglichkeit, stundenlang an der frischen Luft wirklich in Bewegung zu sein, zu schnuppern, zu rennen, zu schwimmen und zu springen, wie es ihm beliebt. Wählt man einsamere Gebirgsregionen und kleinere Bergdörfer, anstelle großer Orte mit Massentourismus, so hat man den Vorteil, innerhalb weniger Gehminuten mit dem Hund in freier Natur zu sein. Die Wahl des Ortes ist auch aus anderen Gründen nicht unerheblich. In den kleinen Bergdörfern hat der Hund eher die Möglichkeit, ohne Leine zu laufen, da nur eine geringe Gefährdung durch Autoverkehr besteht.

Hinzu kommt, daß sich in vielen Gebirgsregionen Bergseen, Gletscherseen und Gebirgsbäche befinden, in denen der Hund auch schwimmen kann, ohne daß sich jemand darüber beschweren würde. Immer wieder höre ich von Kunden meiner Agentur die Frage: "Ist das Risiko nicht sehr hoch, daß der Hund beim Bergwandern abstürzt?". Die Antwort darauf kann nur sein, daß die Wahrscheinlichkeit, daß der Hundehalter abstürzt, auf jeden Fall höher einzuschätzen ist. Eventuelle Risiken soweit wie möglich auszuschalten, ist einer der Gründe für dieses Buch.

Wenn man einige Grundregeln beim Bergwandern beachtet und Wege kennt, wie die hier beschriebenen, die der Hund auf jeden Fall bewältigen kann, so ist dieses Risiko nicht höher, als alle anderen Risiken im Alltag mit dem Haustier Hund. Da es viele Bergpfade gibt, auf denen sich "ausgesetzte" Wegabschnitte befinden oder eine Seilsicherung vorhanden ist, sollte man sich vor Beginn einer Tour bei der örtlichen Bergrettung oder dem Fremdenverkehrsbüro informieren. "Ausgesetzte" Wegabschnitte bedeuten noch nicht, daß die Strecke nicht mit Hund begehbar wäre, das gleiche gilt für Seilsicherungen. Selbst bei breiteren Pfaden werden Sie manchmal Seilsicherungen vorfinden, wenn diese an einer Schlucht entlang führt. Oftmals dienen die Sicherungen als reine Vorsichtsmaßnahme. Ist man jedoch nicht hundertprozentig schwindelfrei, so sollten die Sicherungen auf jeden Fall genutzt werden. Die Bergrettung gibt auch jederzeit gerne bezüglich der Wetterverhältnisse und Wegbeschaffenheit Auskunft.

Sie werden erstaunt sein, welche Stellen ihr Hund sicheren Schrittes bewältigt, an denen Sie vielleicht glauben, Sie seien nicht in der Lage, auch nur einen Meter weiter zu gehen. Schwieriger sind die Stellen, an denen z. B. an einer Leiter mehrere Meter Höhenunterschied überwunden werden müssen. Selbst wenn es sich da nur um 3 Meter handelt, kann das mit einem größeren Hund ein Grund sein, daß Sie an dieser Stelle die Wanderung abbrechen und umkehren müssen. Einen kleineren Hund kann man vielleicht noch tragen.

Generell kann ich sagen, daß der Hund am sichersten ist, wenn er ohne Leine läuft. Angeleint wird der Hund durch das wesentlich langsamere Gehtempo des Menschen abgebremst. Das Risiko, daß er sich dabei die Pfoten auf felsigem Untergrund verletzt, ist hoch. Außerdem ist eine längere Bergwanderung von der Ausdauer des Tieres her eher zu schaffen, wenn der Hund nicht schon nach 20 Minuten hechelt, weil er an der Leine zerrt. Für den Vierbeiner ist Gehrhythmus und Atemrhythmus bei langen Touren genauso wichtig, wie für den zweibeinigen Bergwanderer.

In Österreich, Deutschland und Norditalien sind die üblichen Wanderwege und Pfade sehr gut gekennzeichnet, und auch das vielfältige Material an Wanderkarten ist sehr genau. Auf jeden Fall sollten Sie bei den ausgewählten Wegen auf den Schwierigkeitsgrad und die angegebene Wanderzeit achten. Die in den Wanderführern angegebenen Wanderzeiten sind immer Durchschnittswerte ohne Einrechnung von Pausen. Sie sind individuell auf Ihre Kondition abzustimmen. Die Abstiege nehmen zwar weniger Zeit in Anspruch als die Aufstiege, sind aber generell nicht einfacher. Kalkulieren Sie also auch hier genügend Zeit für Pausen ein.

Bei Wanderungen, die mit einer reinen Wanderzeit von mehr als ca. 6 Std. angegeben sind, sollten Sie den Zeitfaktor auf jeden Fall beachten. Es könnte sonst schnell passieren, daß Sie es nicht vor Eintritt der Dunkelheit ins Tal schaffen. Bei Höhenwanderungen in den Sommermonaten ist es ratsam darauf zu achten, ob man auf einer geplanten Wanderroute einen Gletscher oder ein Schneefeld überqueren muß. In dem Fall sollte die Wanderung sehr früh morgens begonnen werden, um noch am Vormittag die gewünschte Berghütte zu erreichen. In der Mittagshitze schmilzt selbst auf Schneefeldern und Gletschern immer Schnee. Die Wanderung wird dadurch anstrengender, zeitaufwendiger und gefährlicher. Vor einer Gletscherbegehung sollten Sie unbedingt mit der örtlichen Bergrettung Rücksprache halten, ob diese ohne Führer möglich ist.

Kommt man erst mittags oder am frühen Nachmittag am geplanten Hüttenziel an, so sollte die Pause entweder kürzer eingeplant oder der Rückweg, wenn möglich, per Seilbahn/Gondel angetreten werden. Bei längeren Touren können Sie aber durchaus auch beim Aufstieg Zeit einsparen, indem Sie einen Teil der Strecke per Seilbahn zurücklegen. Ist Ihr Hund noch nie im Sessellift mitgefahren, so gibt es hier mehrere Möglichkeiten, das Tier zu sichern. Einige Seilbahnen und Sessellifte (zum Beispiel in Gaschurn) bieten für den Transport von Hunden extra Behältnisse an.

Möchten Sie den Hund im Sessellift z. B. auf den Schoß nehmen, so wäre es sinnvoll, wenn er kein Halsband, sondern ein Laufgeschirr tragen würde, an dem die Leine befestigt ist. Man sollte kein Pessimist sein, aber falls der Hund auf Ihrem Schoß zu sehr zappelt oder versucht herunterzuspringen, so kann er sich dabei wenigstens nicht in seinem Halsband erhängen. Auch bei den Höhenwanderungen wäre ein Laufgeschirr/Körperhalterung sinnvoller, wenn Sie Ihren Hund anleinen müßten. Sollte er einmal abrutschen, haben Sie so die Möglichkeit, ihn zu sich zu ziehen. Bei einer geschlossenen Gondel stellt die Mitnahme des Hundes in der Regel kein Problem dar. Leinen, Halsband oder Laufgeschirr sind für Zwecke wie das Bergwandern aus Synthetik sinnvoller, als aus Leder. Die Stoff/Synthetikteile lassen sich schneller mal abwaschen und sind gegen Schmutz und Nässe nicht so empfindlich.

In den Alpen sind die besten Monate für hochalpine Touren der August, September und bedingt der Oktober. Bei dem Monat August bitte die Sommerhitze mitbedenken. Ein Aufstieg kann bei 30 Grad im Schatten sehr beschwerlich sein. Die meisten Berghütten in den Alpen sind von

Juni bis Oktober geöffnet. In sehr hoch gelegenen Regionen gibt es allerdings auch Hütten, die nur von Juni bis September geöffnet sind. Alle notwendigen Informationen zu den Öffnungszeiten der Hütten entnehmen Sie bitte den im Literaturnachweis angegebenen Hüttenführern, oder bitten Sie die Bergrettung oder das Fremdenverkehrsamt am Ort um Auskunft.

Auf vielen Hütten dürfen Hunde mit in die Gaststube. Abhängig ist das letztendlich vom Hüttenwirt. Um diesbezüglich gerade bei einer langen Wanderung vorher sicher zu gehen, können Sie am Tag vor der Wanderung telefonisch durch die Bergrettung oder das Fremdenverkehrsbüro auf der Hütte anfragen lassen. Wir haben das einige Male selbst in Anspruch genommen, wobei dann von einem Hüttenwirt zum Beispiel die Frage kam: "Die Größe eines Elefanten wird Ihr Hund doch nicht haben, oder ?" Gleichzeitig beantwortete er unsere Frage positiv, indem sein folgender Satz lautete: "Solange Sie nicht mit einem ganzen Rudel kommen." Übernachtungen mit Hund auf Berghütten sind jedoch im allgemeinen nur dort erlaubt, wo Einzel- oder Doppelzimmer zur Verfügung stehen. Die meisten Berghütten verfügen aber nur über Schlafsäle. Es mag auch durchaus passieren, daß man Sie auf einer Berghütte bittet, mit dem Hund auf der Sonnenterrasse Platz zu nehmen, falls sich in der Gaststube schon ein Hund befindet. Wir suchen uns möglichst nur Hütten als Ziel aus, zu denen weder ein Sessellift noch eine Seilbahn/Gondel führt. Je geringer die Menschenmengen auf den Hütten, um so weniger Probleme gibt es mit dem Hund.

Das Bergwandern ist für Psyche und Körper eine Herausforderung. Für mich faszinierend ist jedes Jahr wieder das Entdecken der eigenen Grenzen. Ich bin immer wieder überrascht, was ein Körper mit nur durchschnittlicher Kondition zu leisten vermag, wenn die Psyche nur will. Als mein Mann und ich vor einigen Jahren in den ersten Bergwanderurlaub mit Hund fuhren, hatten wir beide Höhenangst und waren alles andere als schwindelfrei. Mit jedem Jahr haben wir uns gesteigert. Ich entdecke immer wieder bei den Bergwanderungen Situationen, bei denen ich im Vorjahr noch dankend abgewinkt hätte. Die Kondition des Hundes ist manchmal nahezu entnervend. Ich kann Ihnen gar nicht aufzählen, wie oft unser Hund selbst bei bis zu 9 stündigen Wanderungen voraus lief, dann stehen blieb und uns ansah, als ob er sagen wollte: "Ja wo hängt es denn?". Man steht abgekämpft, etwas genervt und völlig durchgeschwitzt auf einem Plateau, der Hund zehn Meter entfernt und der Blick sagt einem ganz deutlich: "Nur keine Müdigkeit vortäuschen".

Wenn wir abends im Tal am Parkplatz ankommen, ist der Hund zwar völlig erschöpft, aber es ist genau wie bei seinem "Rudel" nicht diese völlige Müdigkeit. Es ist diese Art Erschöpfung die sich wohlig und zufrieden anfühlt. Wenn man auf einem Plateau auf 2.700 m Höhe sitzt, vielleicht keine anderen Menschen weit und breit sieht, den Blick auf 3.000 m hohe, schneebedeckte Gipfel und bildschöne Täler regelrecht in sich aufsaugt, begreift man erst, wie unwichtig man selbst in diesem Universum ist. Man wird sozusagen auf seinen Platz gerückt.

Eine weitere wichtige Regel beim Bergwandern, wahrscheinlich wichtiger als viele andere: Überschätzen Sie sich nicht! Wenn man glaubt, wirklich nicht mehr weiter zu können, wenn Nebel aufzieht oder einfach ein Gefühl von Unsicherheit oder Angst auftritt, ist es besser, umzukehren. Vorzeitige Umkehr ist beim hochalpinen Bergwandern nicht gleichzusetzen mit Schwäche. Falscher Ehrgeiz kann den "Hobbywanderer" und "Flachlandtiroler" unter Umständen "Kopf und Kragen" kosten. Die in diesem Buch geschilderten Höhentouren, die wir alle selbst mit unserem Hund "Charly" unternommen haben, sind in den Kapiteln 2 bis 4 zu finden.

Es gibt allerdings einige wichtige Grundvoraussetzungen, die erfüllt sein sollten, damit der Bergwanderurlaub für den Hund und sein menschliches "Rudel" zu einem im positiven Sinne "unvergeßlichen Erlebnis" wird. Absolute Grundvoraussetzung ist die körperliche Gesundheit. Bevor Sie und Ihr Hund in den hochalpinen Bergwanderurlaub fahren, sollten Sie sicher sein, daß Sie und Ihr Tier körperlich in guter Verfassung sind. Eine allgemeine Untersuchung für Mensch und Tier vor einem solchen Urlaub sollte auf jeden Fall stattfinden. Besonders dann, wenn Sie zu der Gruppe Menschen gehören, die nicht das ganze Jahr über Fitneßtraining oder Sport treiben. Wir treiben zwar in unserer Familie keinen Sport, aber mit unserem Hund sind wir täglich bis zu 4 Stunden im Freien unterwegs. Vier Stunden "Gassi gehen" am Tag ist für unseren Hund also völlig normal. Berücksichtigen Sie bitte, daß lange Wandertouren für alle großen Hunderassen bis zum Abschluß des Wachstums nicht zu empfehlen sind.

Unsere gesamte Familie nimmt das ganze Jahr über ein Vitaminpräparat zu sich, so auch unser Hund. Vor Antritt eines Bergwanderurlaubes lassen wir uns in der Regel gründlich untersuchen. Der Hund bekommt jedes Jahr vor dem geplanten Urlaub seine Impfungen und wird genauestens untersucht. Der Tierarzt kann dann bedenkenlos das für einige Länder notwendige Gesundheitszeugnis ausstellen.

Impf- und Einreisebestimmungen für Österreich, die Schweiz und Italien kann Ihnen Ihr Tierarzt oder die Botschaft des jeweiligen Landes nennen. Immer wieder höre ich von Kunden Bedenken bezüglich der Einreisebestimmungen verschiedener Länder. Natürlich hören sich die gesetzlichen Regelungen teilweise sehr streng an. So gibt es zum Beispiel für Südtirol einen offiziellen Maulkorbzwang für große Hunderassen. Ich kann dazu aber nur aus eigener Erfahrung sagen, daß uns in Südtirol bisher nie ein großer Hund mit Maulkorb begegnet ist. Auch in den größeren Orten habe ich dort noch nie Gäste gesehen, deren größere Hunde Maulkörbe trugen, von den einheimischen Tieren ganz zu schweigen. Man sollte allerdings den Maulkorb bei größeren Hunden bei der Einreise an der italienischen Grenze auf jeden Fall dabei haben und gegebenenfalls vorzeigen können. Bei Benutzung öffentlicher Verkehrsmittel ist in Österreich der Maulkorb für alle Hunderassen gesetzlich vorgeschrieben.

Mein Mann und ich lassen uns regelmäßig gegen FSME impfen. Durch Zecken können auf den Menschen verschiedene Krankheiten übertragen werden, z.B. die Hirnhautentzündung. Aber auch dem Hund droht durch Zecken Gefahr, z.B. die Borreliose. Die FSME-Impfung für den Menschen ist in unseren Breitengraden zwar nicht unbedingt notwendig, aber in den Bergregionen Italiens und einiger anderer Regionen sind die Zecken nicht unbedingt so harmlos, wie hier bei uns. Da man sich beim Bergwandern viel in waldreichen Gebieten aufhält, kann die Impfung auf keinen Fall schaden. Vor einem solchen Urlaub ist für "Herrchen" und "Frauchen" auch der ideale Zeitpunkt für eine mehrwöchige Magnesium- oder Calciumkur (Brausetabletten). Magnesium wird z. B. durch Streß im menschlichen Körper abgebaut. Da der Körper selbst kein Magnesium produziert, kann eine Magnesiumkur vor einer längerfristigen körperlichen Belastung, wie dem Bergwandern, nur hilfreich sein.

Wichtig ist auch die Reiseapotheke für den Hund. Wenn "Charly" mit uns in den Bergwanderurlaub fährt, so gehen bestimmte Präparate automatisch vorbeugend mit auf die Reise. Auf jeden Fall gehört eine entzündungshemmende Creme für kleinere Verletzungen und Hautentzündungen mit in die Reiseapotheke. Außerdem Augentropfen gegen eine eventuelle Bindehautentzündung, ein Medikament gegen Erbrechen und Durchfall (in Form von Saft, Tabletten oder Zäpfchen erhältlich), Verbandszeug, eine Schere, eine Pinzette, eine Zeckenzange, Jod/Mercuchrom und Vaseline/Hirschhorntalg für die Pfoten, Thermometer zum Messen der Körpertemperatur (Normaltemperatur liegt beim

Hund zwischen 38 Grad und 39 Grad). Wir lassen uns grundsätzlich vor einem Bergwanderurlaub auch Antibiotika für den Hund vom Tierarzt verordnen. Um nicht bei Kleinigkeiten einen Tierarzt aufsuchen zu müssen, hat sich eine solche Reiseapotheke für den Hund schon oft für uns bewährt. Sollten Krankheitssymptome jedoch nicht kurzfristig abklingen oder sehr schwerwiegend sein, so ist es ratsam, am Urlaubsort den Tierarzt aufzusuchen.

Rassebedingte Eigenarten Ihres Hundes sind entscheidend bei der Planung eines hochalpinen Bergwanderurlaubes. Es gibt Hunderassen, die sich zum Bergwandern auf langen und steilen Touren absolut nicht eignen. Ein Beispiel: Neufundländer sind von ihrem ganzen Naturell her ruhige, behäbige Tiere. Für einen Neufundländer wäre eine Bergwanderung von 6 Std. eher eine Zumutung. Für andere Hunderassen ist das Bergwandern dagegen nahezu ideal. Grundvoraussetzung: Das Tier sollte sich bester körperlicher Kondition und Gesundheit erfreuen, sollte auf gar keinen Fall ein "Hundesenior" sein und einer Rasse angehören, die gerne viel läuft. Schäferhunde sind mit ihrem Temperament und ihrer Ausdauer zum Bergwandern gut geeignet, ebenso die verschiedenen Jagdhund- und Retrieverarten, Schnauzer, Terrier, Dackel und die verschiedensten Mischlinge, um nur einige Beispiele aufzuführen. Die im Kapitel 2 bis 4 geschilderten Wanderungen dauern, inkl. Pausen, alle zwischen 5 und 9 Stunden. In diesen Kapiteln werden in den verschiedenen Gebieten auch flache Wanderungen und Ausflugsziele für Schlechtwettertage benannt.

Gehört Ihr Tier einer großen Hunderasse an, so sollten Sie sich auch im vorhinein Gedanken machen, wie Sie im Falle einer Verletzung das Tier wieder ins Tal transportieren wollen. Unser Hund hat eine Schulterhöhe von 48 cm und wiegt 16 kg. Da ist also ein Transportproblem nicht in so gravierendem Ausmaß vorhanden. Sie werden jetzt schmunzeln, aber als "Charly" noch kleiner war, hatten wir für Notfälle eine Babyrückentrage für Babys bis 12 kg. Da paßt unser "gutes Stück" inzwischen nicht mehr rein. Also ließen wir von einem Sattler aus einer Satteldecke eine Bauchtrage mit ledernen Schulterriemen nähen, in welcher der Hund notfalls getragen werden kann.

So unsinnig sich solch eine Planung für manchen Leser dieser Lektüre anhören mag. Wir haben bereits erlebt wie es ist, wenn der Hund auf 2.700 m Höhe von einem anderen Hund eine Bißwunde zugefügt bekommt und danach unter Schock steht. Mit einem großen Tier besteht darin ein noch höheres Risiko, denn bei einer schweren Verletzung können Sie einen 40 kg schweren Hund nicht stundenlang bergab tragen, zumal Sie Ihre Hände beim Abstieg frei haben sollten.

Eine andere Sache, die für den Bergwanderurlaub mit Hund eine absolute Grundvoraussetzung darstellt, ist die Erziehung des Hundes. In den meisten Dörfern und kleinen Städten in den Bergen laufen die einheimischen Hunde frei. In Südtirol haben wir das in verstärktem Maß erlebt. Unter den ortsansässigen Hunden befinden sich in der Regel auch nur wenige kleine Zeitgenossen.

Meistens sieht es eher so aus, daß man abends aus einem Restaurant ins Freie tritt, und plötzlich steht da eine "Jumboausführung" von einem Schäferhund neben dem eigenen Hund. Die ersten Male, wo uns das passierte, blieb mir regelmäßig das Herz in der Brust stehen. Heute handhabe ich es grundsätzlich so, sehe ich einen Hund, der alleine und frei läuft oder vom Besitzer nicht angeleint wird, wenn dieser mich sieht, so lasse ich meinen Hund sofort frei. An der Leine haben Hunde in der Regel eher ein "Machoverhalten", können nicht mit dem Gegenüber spielen, sich aber auch im Ernstfall nicht wehren oder der Konfrontation ausweichen. Auf jeden Fall sollte man den eigenen Hund, auch wenn er sehr klein ist, niemals hochheben. Wenn Sie auch Besitzer eines kleinen oder mittelgroßen Rüden sind, dann wissen Sie, was ich meine. Erstaunlicherweise sind diese ortsansässigen Hunde in der Regel nur neugierig und meistens gutmütig. Vielleicht nicht zuletzt dadurch, weil sie sich immer frei bewegen können.

Das Problem, egal ob großer oder kleiner Hund, sind meistens unsere kleinen und großen "Stadtneurotiker". Wenn Sie einen Rüden haben und dieser gewöhnt ist, schon aus 100 Metern Entfernung jeden anderen Rüden anzuknurren oder anzubellen, dann gibt es für Sie in den Bergwanderregionen nur zwei Möglichkeiten: Sie fahren besser nicht hin, oder Sie legen alle Strecken im Ort per Auto zurück. Die beste Möglichkeit für einen ruhigen Urlaub mit einem pflegeleichten Tier wäre jedoch, es entsprechend zu erziehen. Wenn der Hund von kleinauf gelernt hat, daß er andere Hunde nicht ohne Grund "anzumachen" hat, dann passiert bei diesen Begegnungen normalerweise gar nichts. Die Erziehung Ihres Tieres spielt aber auch in anderer Hinsicht eine große Rolle. Der Hund sollte ein ruhiges Verhalten auf langen Autofahrten gewöhnt sein (Sicherung im Auto durch Gurt, Netz oder Gitter). Nahrung vom Tisch und das dadurch entstehende Betteln, sollte Ihrem Hund fremd sein, sonst sind Probleme im Restaurant vorprogrammiert. Ihr Hund sollte, speziell bezogen auf seine Bewegungsfreiheit während der Höhentouren, den Umgang mit fremden Menschen und Tieren gewöhnt sein. Er sollte nicht jagen und auf alle gängigen Kommandos wie "Fuß" und "Komm" gehorchen.

Im Hinblick auf einen Bergwanderurlaub sollten Sie das Jagdverhalten Ihres Hundes unter die Lupe nehmen. Auf allen geschilderten Wanderrouten lief unser Hund ohne Leine. Allerdings kann ich auch mit ruhigem Gewissen sagen, daß unser Hund nicht jagt. Er verläßt grundsätzlich nicht den Weg, er rast nicht quer durch bebaute Felder und jagt auf den Almweiden keine Kühe. Hat Ihr Hund einen starken Jagdtrieb, und waren Sie bisher nicht in der Lage ihm das abzugewöhnen oder das Tier so auszubilden, daß dieses Verhalten in Bahnen gelenkt werden kann, so sollten Sie das Tier auf jeden Fall bis zur Höhe der Waldgrenze anleinen (z. B. eine 8 Meter lange Flexileine). Innerhalb einer geschlossenen Ortschaft oder in der Nähe von Autoverkehr sollte Ihr Hund, auch wenn er bestens erzogen ist, angeleint sein. Bedenken Sie, das die Umgebung für Ihr Tier völlig fremd ist.

Auf den Höhenwegen, die teilweise nur noch Trampelpfade von geringer Breite sind, können Sie den Hund eigentlich nur dann mitnehmen, wenn er wirklich gehorcht. Absoluter Gehorsam Ihres Hundes ist in diesen Regionen unerläßlich. So sollte "Rocky" oder "Anja" zum Beispiel auf Höhenwegen auf keinen Fall die Angewohnheit haben, 100 Meter vorzulaufen. Die Pfade haben Kurven und Wegbiegungen, die direkt an Schluchten und Felswänden liegen. Da Sie nicht abschätzen können, was Sie hinter der Kurve erwartet, sollte der Hund an Ihrer Seite bleiben oder nur wenige Meter vorlaufen. Auf den Wegen kommen Ihnen andere Wanderer bepackt mit schweren Rucksäcken entgegen. Sie können sich vorstellen was passieren könnte, wenn Ihr liebenswerter Staffordshire Terrier "Sandy" hinter einer Kurve zwischenzeitlich einen Bergwanderer mit Anspringen begrüßt, oder Schäferhund "Minko" jeden anderen Menschen auf der einsamen Piste verbellt. Wenn Ihnen zum Beispiel Wanderer entgegen kommen, oder wenn Sie vor Ihnen gehende Wanderer überholen müssen, so sollte Ihr Hund zügig neben Ihnen laufen und nicht erst jeden Wanderer einzeln beschnüffeln. Das Risiko, daß andere Wanderer dem Tier sonst versuchen auszuweichen oder sich deswegen erschrecken, ist zu hoch. Mensch und Tier könnten Schaden nehmen. Ein aggressives Tier, egal ob gegen Menschen oder andere Hunde, hat auf Bergwanderungen wegen den damit für alle Beteiligten erhöhten Risiken nichts verloren.

Ein weiterer Punkt ist die Ausrüstung beim Bergwandern. Es gibt zweibeinige Bergwanderer, die es für besonders "cool" halten, in flapsigen Baumwollshorts und Tanktop ohne Rucksack und möglichst in Tennisschuhen zu versuchen, im Dauerlauf auf 3.000 Meter Höhe zu kommen. Bei diesen "Figuren" rede ich nicht etwa von Leistungssportlern oder Kennern, wie Reinhold Messner. Ich rede hier von der Sorte Mensch, die glauben, Ahnung zu haben und eigentlich doch nur "mit Blindheit geschlagen sind". Ein guter Wanderrucksack mit festem, luftdurchlässigem Rückengestell sollte auf jeden Fall mit von der Partie sein. Proviant für die kleinen Pausen, unabhängig von Hüttenzielen, ist in der Regel notwendig, natürlich auch für Ihren Hund. Belegte Brötchen oder Ähnliches eignet sich zur Mitnahme auf eine Bergwanderung nicht. Nach einigen Stunden sieht das Brötchen nämlich nicht mehr aus wie ein belegtes Brötchen, sondern wie matschige, warme Pappe. Gut eignet sich ein kleines Brot, Dauerwürste, Äpfel, Müsliriegel, Traubenzucker u.s.w. Lange Zeit schleppten wir in unseren Rücksäcken Kaffee in Thermosflaschen mit. Das ist nicht zu empfehlen, da der Kaffee nach einigen Stunden weder schmeckt noch warm ist. Heute nehmen wir z.B. Isostar in Pulverform mit und füllen die Flaschen an den Gebirgsbächen auf. Auf den Berghütten und Almen kann man sich zwar in der Regel sehr gut versorgen, aber Proviant ist aus einem anderen Grund wichtig. Sollten Sie ein Hüttenziel aus Mangel an Kondition nicht erreichen und müssen umkehren, oder muß man bedingt durch eine Notsituation eine längere Pause an einsamer Stelle einlegen, so können Proviant und Getränke zur absoluten Notwendigkeit werden. Kleidung zum Wechseln sollte mit in den Rucksack: T-shirt, Tanktop und Socken. Sie werden bei Höhenwanderungen feststellen, oder festgestellt haben, daß man beim Aufstieg sehr ins Schwitzen gerät. Oben auf der Berghütte sollte das durchgeschwitzte T-shirt sofort gewechselt werden. Auf den Sonnenterassen der Berghütten bläst nämlich meistens eine gute Brise. Auch ein Sweatshirt gegen Kälte ist sinnvoll. Da wir auf vielen Wanderungen irgendwann zwischendurch Nieselregen hatten, haben wir immer ein Regencape mit Kapuze dabei.

Es gibt spezielle Regencapes, die man auch über die größeren Rucksäcke ziehen kann, um den Rucksack und den Inhalt vor Regen zu schützen. Bei jeder Wanderung befinden sich in unseren Rucksäcken außerdem: Wanderkarten, Wanderführer, Hüttenführer, Kompaß, Taschenmesser, Höhenmesser, ein 10 m Stück Seil, ein Handtuch für den Hund, Trockenfutter für "Charly", Trillerpfeifen, Taschenlampe, Sturmkappen, Reiseapotheke; Wasserflasche und Tragegestell für den

Hund, Schweißbänder, Proviant und Schneestulpen. Unsere Rucksäcke wiegen in der Regel je 10–15 kg.

Man kann sich darüber streiten, ob all diese Sachen mitgenommen werden müssen. Aber jedes einzelne, erwähnte Teil wurde von uns schon auf Wanderungen benötigt und ist in Notfällen unerläßlich. Haben Sie zum Beispiel keine Taschenlampe oder Trillerpfeife dabei, so haben Sie keine Möglichkeit, Notsignale, wie sie in der Bergrettung üblich sind, abzugeben. Ohne Sturmhaube habe ich schon so manches Mal bei schlechtem Wetter dort oben gedacht, mir bläst es das Gesicht weg. Höhenmesser und Kompaß sind zum Beispiel bei plötzlichem Nebel zwecks Orientierung wichtig.

Eine modische Unsitte ist es inzwischen geworden, mit Turnschuhen auf Höhenwanderung zu gehen. Mir fallen bei unseren Wanderungen immer wieder diejenigen auf, die in Jeans und Turnschuhen "angedackelt" kommen. Ich muß ehrlicherweise gestehen, wenn mir vor einigen Jahren ein Mensch auf den Kopf zugesagt hätte, daß ich mich jemals in "Knobelbechern" und "Knickerbockern" sehen lasse, dann wäre ich wahrscheinlich vor Lachen umgefallen. Heute bin ich eines Besseren belehrt. Jeans, die verhältnismäßig eng sitzen, werden nach kurzer Zeit sehr unbequem.

Das Schuhwerk ist allerdings wesentlich wichtiger. Der richtige Wanderschuh ist für hochalpine Touren lebensnotwendig !!!! Diese Schuhe gibt es als Mittelgebirgsschuhe, für das Hochgebirge und für Gletscherbegehungen. Für die nachfolgend beschriebenen Wanderungen sollten Sie auf jeden Fall im Besitz von Hochgebirgswanderschuhen sein.

Auch die Wandersocken sind ein wichtiger Faktor. Wunde Füße können den Wanderer bei langen Wanderungen an die Grenze des Wahnsinns treiben. Bei Wandersocken wird eine Woll/Synthetikmischung empfohlen (auf keinen Fall Baumwolle oder Wolle). Da sich bei den Wanderungen über Schneefelder z. B. Schneeklumpen an den Pfoten des Hundes bilden können, die für den Hund hinderlich und schmerzhaft sind, empfehle ich Pfotenschoner, wie sie für Schlittenhunde gebräuchlich sind. Bezüglich Zubehör und Ausrüstung erkundigen Sie sich bitte in Fachgeschäften. Außerdem nehmen wir grundsätzlich jeder ein Paar höhenverstellbare Wanderstöcke (Leichtmetall) mit. Ich habe zwar die verstellbaren Stöcke noch nie benutzt. Aber es gibt genügend Bergwanderer, die darauf schwören, gerade bei steinigen

Strecken und im Schnee. Die Stöcke sind auch gut am Rucksack zu befestigen, so daß Sie die Hände jederzeit frei haben.

Geübte und erfahrene Bergwanderer nehmen grundsätzlich keine Abkürzungen. Weichen Sie nicht von markierten Wegen ab. Manchmal sieht eine Abkürzung sehr verführerisch aus. In der Regel können Sie aber davon ausgehen, daß die sichersten und auch einfachsten Wege markiert sind. In den meisten Fällen sind die vermeintlichen Abkürzungen wesentlich anstrengender und nicht ungefährlich. Abgesehen davon verursacht es große Schäden in der Natur, wenn sich jeder seinen eigenen Weg sucht. Abfälle jeglicher Art sollten vom Wanderer auch wieder mit hinab ins Tal genommen werden. Auf manchen Berghütten in Österreich wird außerdem eine Umweltgebühr erhoben.

Unberechenbare Wetterstürze sind im Hochgebirge, besonders in den Sommermonaten, keine Seltenheit. Es ist uns oft genug passiert, daß es bei den langen Wanderungen plötzlich veränderte Wettersituationen gab. Nebel und Regen haben wir auf einigen Wanderungen erlebt. Schneefall oder Gewitter blieben uns bisher erspart. Erkundigen Sie sich auch hierzu vor längeren Wanderungen vorsichtshalber bei der Bergrettung. Sind Sie bereits an einem Hüttenziel angekommen, und das Wetter schlägt vor Ihrem Abstieg um, so können Sie sich mit Fragen jederzeit an die Hüttenwirte wenden.

Wir machen es in der Regel so, daß wir die schwierigen Wanderungen ziemlich zu Beginn des Urlaubes absolvieren, da wir bei uns einen Abfall der Kondition zum Ende des Wanderurlaubes deutlich spüren. Die ersten Tage ist das mit Muskelkater und etwas Eingewöhnung verbunden. Dies hängt entscheidend von Ihrer Kondition ab.

Normalerweise legen wir, wenn uns die Wetterbedingungen nicht öfter dazu zwingen, jeden vierten Tag einen Pausentag ein. An solchen Tagen kundschaften wir dann per Auto andere Gebiete oder Orte aus, oder sehen uns eventuell vorhandene Sehenswürdigkeiten in der Umgebung an. Flache Wanderungen für Pausentage, oder Touren in andere Gebiete und Orte für Schlechtwettertage sind ebenfalls in den Kapiteln 2 bis 4 geschildert. Kapitel 5 enthält die Unterkünfte, in denen wir mit unserem Hund den Urlaub verbrachten, Restaurants in denen wir mit Hund willkommen waren und Ortsbeschreibungen.

KAPITEL 2

Höhenwanderungen im Tauferer Ahrntal/Riesen-
ferner Gebirge, Urlaubsort: Sand in Taufers (865 m)

Wanderurlaub 5.9.–25.9.93. (Zum Zeitpunkt dieses Wanderurlaubes war "Charly" 8 Monate alt)

1) Rein in Taufers (1.595 m) – Hochgallhütte (ehemalige Kasseler Hütte 2.276 m) – den gleichen Weg zurück

Vom Ort Sand i.T. fährt man per Auto oder Linienbus über eine schmale Serpentinenstraße hinauf nach Rein i. T. Sie benötigen für die Fahrt ca. 20 Minuten. Der Höhenunterschied zwischen den beiden Orten beträgt rund 800 m. Rein i. T. ist ein kleines und noch sehr ruhiges Bergdorf. Es liegt zwischen dem Knutten- und dem Bachertal. Dieser Ort ist Ausgangspunkt für viele hochalpine Bergtouren und Bergbesteigungen im Riesenferner Naturpark. Für diejenigen, die wirklich Ruhe und Ursprung suchen, würde sich dieser Ort als Urlaubsort noch eher anbieten, als das 4.000 Seelen Örtchen Sand i.T.

Die Serpentinenstraße, die in nordöstlicher Richtung aus Sand herausführt, verläuft entlang dem Reinbach. In dem Ort Rein i.T. kann das Auto auf dem Parkplatz hinter dem Hotel Alpenrast abgestellt werden. Als wir aus unserem PKW ausstiegen, begrüßten uns direkt zwei einheimische Hunde. Ein Schäferhund und ein kleiner Mischling kamen zusammen auf uns zugelaufen. Die beiden Hunde begleiteten uns bis zum Gatter auf der angrenzenden Weide. Wir überquerten die Weide. Bei der Parkbank am angrenzenden Wald befindet sich dann der erste Wegweiser. Nun folgen wir dem Weg Nr. 1 in südöstlicher Richtung durch den Wald. Der Weg ist ein normaler Trampelpfad, der anfangs verhältnismäßig steil und kurvenreich bergan führt.

Ab der Waldgrenze auf ca. 1.900 m führt der Pfad über steinigeren Boden durch die Almwiesen. Man geht unter anderem an einem kleinen Wasserfall vorbei und überquert später den Tristenbach. Auf dieser ersten Wanderung in Südtirol erlebten wir auch zum ersten Mal Murmeltiere. Mit schrillem Pfiff meldete sich ein Murmeltier aus der rechts liegenden Felswand. Der Hund fuhr vor Schreck zusammen und machte einen Satz vorwärts. Suchend schaute er in Richtung Felswand. Da ihm dieses Geräusch aber wohl nicht ganz geheuer war, blieb er sehr dicht bei uns.

Die Hütte wird schon ca. 1 Stunde bevor man dieses Ziel erreicht sichtbar. Die Hochgallhütte (ehemals Kasseler Hütte) liegt auf 2.276 m. Von Rein i.T. aus benötigt man für die Wanderung bei einem Höhenunterschied von ca. 700 m gute 2¹/₂ Stunden (je Strecke, ohne Pausen). Der Schwierigkeitsgrad ist "leicht". Es gibt weder ausgesetzte Wegpassagen, Seilsicherungen noch Klettersteige.

Die Hochgallhütte ist eine viel besuchte Berghütte, da die Hütte auch Ausgangspunkt für die Bergsteiger ist, die den Hochgall besteigen möchten. Von der Sonnenterasse aus hat man einen traumhaften Blick auf den Hochgall und die umliegenden Berge mit ihren schneebedeckten Spitzen. Wir setzten uns bei strahlendem Sonnenschein auf die Sonnenterasse. Auf der Terrasse nahmen wir Teile unseres Proviants und die auf der Hütte bestellten Getränke zu uns.

Blick von der Hochgallhütte auf den Normalaufstieg zum Hochgall

Achtung: Bei einigen Berghütten berechnet man, selbst wenn Getränke bestellt werden, einen Mindestpreis bei Verzehr von selbst mitgebrachtem Proviant. Die einzige Hütte, wo uns das passierte, war im Ortlergebiet. Ich habe ja Verständnis dafür, daß auch die Hüttenwirte an den Touristen verdienen wollen.

Generell gilt für mich als Hundehalter außerdem eine goldene Regel, die ich auch Zuhause beherzige. Wo immer ich mit meinem Hund drinnen nicht willkommen bin, gebe ich auch nicht gerne Geld aus.

Die Hochgallhütte wirkt noch rustikal und ursprünglicher, als viele andere Berghütten, die wir besuchten. Nur bei schlechtem Wetter setzen wir uns in die Hütten. Bei schönem Wetter wäre es um den Ausblick schade. Als wir an der Hütte ankamen, befanden sich aber außerdem in der Hütte mehrere Männer der Bergwacht mit ihren Schäferhunden. Zu viele Hunde auf engem Raum ist immer ein unnötiges Risiko, das man vermeiden sollte. Die Hütte ist von Anfang Juni bis Anfang Oktober geöffnet, sowie in der Frühjahrs-Skitourenzeit. Die Hochgallhütte ist eine der Hütten, zu denen weder Lift noch Seilbahn führt.

Von der Hochgallhütte gingen wir auf einem schmalen Pfad weiter aufwärts bis zu einem kleinen See, der nur ca. 20 Minuten oberhalb der Hütte liegt. Der Rundumblick war einfach überwältigend. In westlicher Richtung die Gipfel der Durreck-Gruppe, nach vorn Richtung Hütte blickend (nördl.) die Riesenferner Gruppe und das Bachertal, und im Rücken (südl.) Schneefelder und den Hochgall.

Wir gingen den Weg wieder zurück bis zur Hütte und begaben uns dort auf den in östlicher Richtung abzweigenden Arthur-Hartdegen-Weg. Der Weg ist sehr steinig und besteht zum größten Teil aus Geröll und Felsplatten. Die Markierungen sind deutlich erkennbar. Nach ca. 1 Stunde drehten wir allerdings um. Ein Ehepaar, das uns entgegen kam gab zu bedenken, daß der Weg eine ausgesetzte Stelle hätte, die mit dem Hund kaum zu schaffen sei. Außerdem wäre der Weg hinunter ins Ursprungstal noch sehr weit. Da es schon 14:00 Uhr war und wir nicht sicher sein konnten, diese Strecke mit dem Hund zu schaffen, kehrten wir in Richtung Hochgallhütte um. Wir benötigten bis zur Hütte ca. 1 Stunde und folgten von dort wieder dem Weg Nr. 1 zurück nach Rein i.T.

Wieder bei der Parkbank am Waldrand angekommen, kamen wir mit einer Gruppe Italiener ins Gespräch. Sie fanden "Charly" so süß, daß für ihn sogar ein Schinkenbrot ausgepackt wurde. Um 17:30 Uhr waren wir wieder in Rein i.T. am Parkplatz.

Nach jeder Bergwanderung bin ich froh, daß es noch so viel schöne Natur gibt. Wenn ich dann nach den Wanderungen vom Parkplatz aus die Berge von unten sehe, fällt es mir immer wieder schwer zu glauben, daß ich wenige Stunden vorher irgendwo dort oben gewesen bin.

2) Rein i.T. (1.595 m) – Kofleralmhütte (2.034 m) – Koflerseen (2.439 m) – Knuttental - Rein i.T. (Rundweg)

Unsere zweite Tageswanderung führte uns von dem Ort Rein i.T. zu den Koflerseen und durch das bildhübsche Knuttental zurück nach Rein. Wir parkten das Auto auf dem letzten möglichen Parkplatz am östlichen Ende des Ortes Rein i.T. In Rein folgt man der Straße in Richtung Knuttental. Die letzten Parkplätze liegen vor einer Schranke, ungefähr auf der Höhe Rastelwald/Ebnerhof/Hofer. Direkt am Parkplatz führt der Weg Nr. 8 A rechts hinauf in südöstlicher Richtung zum Ebnerhof. Das erste Wegstück ist Fuhrweg. Ein Stück oberhalb des Ebnerhofes biegt links an einem Gatter der steile und kurvenreiche Waldweg Nr. 8 A ab. Der Weg ist anfänglich sehr steil, und außerdem ist etwas Vorsicht geboten, da der Trampelpfad überall von Baumwurzeln durchzogen ist. Bei diesigem oder regnerischem Wetter ist dieser Weg sehr rutschig.

Der schöne Wanderpfad führt stetig aufwärts Richtung Untere Kofleralm und bietet rechts den Ausblick auf das Bacher- und das Ursprungstal und den Gebirgszug auf der anderen Talseite. Man blickt auf die Hochgallhütte und den Hochgall. Entlang dem Wald geht es weiter. Schließlich überqueren wir eine Weide und sind dann an der Kofleralm.

Bei der jungen Magd an dieser Almhütte kann man Getränke und kleine Mahlzeiten bekommen. Die alte Almhütte wirkt sehr romantisch. Das junge Mädchen, das die Hütte bewirtschaftet, kümmert sich auch um das Weidevieh. "Charly" hatte vor diesem Urlaub noch keine Gelegenheit, Kühe in "freier Wildbahn" zu erleben, und so war diese Almhütte für ihn ein echtes Erlebnis. Die Kühe kamen bis an die Bänke, auf denen wir saßen, kein Zaun weit und breit. Es war "ein Bild für die Götter" zu sehen, wie "Charly" sich fast den Hals verrenkte bei dem Versuch, die Kuh zu beschnuppern ohne ihr zu nahe zu kommen. Ich weiß nicht, was die Kühe dazu veranlaßte, aber auf jeden Fall leckten sie Charly von oben bis unten ab. Der Hund sah nach dieser feuchten Begrüßung aus, als habe er gerade gebadet. Auf der Alm gibt es auch einen Hund, den Schäferhund-Mix "Rocky". Bei Ankunft an der Alm hatte "Rocky" unseren "Charly" kurz verbellt und dann beschnuppert. Danach trottete er gleichgültig zum Eingang der Hütte zurück und blieb auf Befehl auch dort liegen. Vor der Almhütte kann man schön sitzen, und bei strahlendem Sonnenschein wird man richtig faul. Während "Charly" sich von den Kühen den ganzen Kopf ablecken ließ, nahmen wir eine Milch und einen Teil unseres Proviants zu uns.

Auf den Almhütten bekommt man meistens noch Frischmilch. Bitte geben Sie einem erwachsenen Hund keine Frischmilch zu trinken, der Milchzucker ist für das erwachsene Tier schlecht verdaulich. Es besteht die Möglichkeit, daß ihr Hund davon Durchfall bekommt. Auf den Berghütten handelt es sich, da so hoch oben kein Vieh gehalten wird und wegen der erheblichen Transportprobleme, um H-Milch. Schließlich brachen wir wieder auf. Auf dem Weg Nr. 9 A ging es über Alm- und Felspfade stetig aufwärts zur Oberen Kofleralm.

Die Obere Kofleralm ist unbewirtschaftet. Hier zweigt auch der Arthur-Hartdegen-Weg ab, der bis in den Talschluß des Ursprungstal und dann am Westkamm der Riesenferner Gruppe entlang zur Hochgallhütte führt. Wir bleiben auf dem Weg Nr. 9 A in nordöstlicher Richtung. Es geht jetzt von dem Hochplateau der Oberen Kofleralm zu den Koflerseen (2.437 m). Die beiden kleinen Seen liegen direkt nebeneinander. Als wir am Ufer sitzen und uns umschauen, fühlen wir uns in eine andere Zeit versetzt. Dieses Höhenplateau hat einen sehr starken Urzeitcharakter.

Der Himmel bedeckte sich etwas, und an dem oberhalb liegenden Joch zogen Nebelschwaden auf. Die ganze Szene wirkte absolut geisterhaft. Dieses felsige Hochplateau läßt einen denken, man wäre auf einem anderen Planeten gelandet. Weiter geht es in nord-östlicher Richtung auf dem Weg Nr. 9 A zum Joch (2.700 m). Das Joch wird ohne Schwierigkeiten überquert. Auf der anderen Seite wird der Abstieg allerdings sehr steil und felsig. Aber auch das war ohne größere Probleme für "Charly" und uns zu schaffen.

Auf dem Weg Nr. 9 geht es nun stetig steil abwärts, vorwiegend über Geröll und Stein zu der unbewirtschafteten Sossenhütte. Hier legten wir eine kurze Rast ein. Von der Sossenhütte an talwärts wird der Weg immer steiler. Das Absteigen macht sich auf jeden Fall in den Beinen stärker bemerkbar, als der Aufstieg.

Kurz vor dem steilen und kurvenreichen Wegabschnitt hinunter in das Knuttental befindet sich auf dem Weg Nr. 9 eine kurze Strecke, auf der man beim Abstieg auf der linken Seite Felswand hat und rechts Schlucht. Ist man nicht schwindelfrei, so richtet man an solchen Stellen seinen Blick grundsätzlich auf die Felswand oder konzentriert sich auf die eigenen Füße. Wanderer, die nicht schwindelfrei sind, sollten den Blick nach unten in die Schluchten vermeiden.

Diese Wanderung hatten wir ursprünglich in umgekehrter Richtung geplant (Aufstieg auf Weg Nr. 9 und Abstieg auf Weg Nr. 8 A). Im Nachhinein waren wir froh, daß wir den Weg wie beschrieben gegangen sind. Der Aufstieg wäre auf der von uns als Abstieg gewählten Strecke extrem anstrengend gewesen, und es hätte während des Aufstiegs keine Möglichkeit zur Einkehr gegeben. Der Weg Nr. 9 führt auf den Fuhrweg im Knuttental. Diesem Fuhrweg folgt man in südwestlicher Richtung bis zum Parkplatz.

Die Wanderung dauerte mit kurzen Pausen insgesamt $5^{1}/_{2}$ Stunden. Der Höhenunterschied beträgt 950 m. Der Schwierigkeitsgrad wird im Wanderführer mit "leicht" angegeben.

3) Rein i.T. (1.595 m) – Knuttental – Knuttenalmhütte (1.911 m) Klammlsee – Arventalalmhütte (ca. 2.200 m) in Österreich – den gleichen Weg zurück

Wie bei den beiden ersten Wanderungen, fahren wir mit dem Auto morgens gegen 8:30 Uhr von Sand i.T. nach Rein i.T. hinauf und parken wieder auf dem letzten Parkplatz am Anfang des Knuttentales. Wir durchwandern auf dem Fahrweg ohne starke Steigung das Knuttental. Autoverkehr auf diesem Weg ist selten, kommt aber vor. Es handelt sich hierbei um die Bewohner/Angestellten der Knuttenalm oder um Mitarbeiter der Forstverwaltung. Auf der gesamten Strecke durch das Knuttental hat man einen traumhaften Blick. Links schaut man auf Durreck Gruppe und den Knuttenbach, rechts auf die Riesenferner Gruppe. Der Fahrweg durchs Knuttental trägt die Bezeichnung Nr. 1 B/9 und führt in nordöstlicher Richtung nach ca. 1 Stunde Wanderzeit zur Knuttenalm.

Die Knuttenalm ist gut besucht. Auf der hölzernen Sonnenterasse lassen wir uns bei einem Glas Milch zu einem Päuschen nieder. Die Hütte ist rustikal und gemütlich. Sie liegt am Talschluß des Knuttentales. Es bietet sich von der Terrasse ein Blick durch das gesamte Knuttental. Die Hütte liegt auf der Höhe von 1.911 m. Wir haben es uns zur Gewohnheit gemacht, auf jeder Hütte Ansichtskarten mit dem Hüttenstempel oder Hutnadeln mit Abbildung der jeweiligen Hütte zu erwerben. Nachdem wir uns auch hier Karten gekauft hatten, brachen wir wieder auf. Beim Aufstieg machen wir aufgrund der vor uns liegenden Strecke selten längere Pausen.

Ab der Knuttenalmhütte nehmen wir den Fuhrweg Nr. 9 in östlicher Richtung. Der Weg steigt jetzt steiler an. Den Serpentinen folgen wir bis zum Zollhaus und dem Klammlsee. Der Klammlsee liegt direkt rechts am Fuhrweg, und für "Charly" war das eine willkommene Badepause. Die Gletscherseen sind auch im Sommer nicht warm. Das hält ihn aber nicht davon ab zu schwimmen und Stöckchen unzählige Male aus dem Wasser zu apportieren. Da unser Hund ein sehr dichtes Unterfell hat, scheint ihm die geringe Wassertemperatur nichts auszumachen. Vorsicht ist geboten, wenn ihr Tier Nieren- oder Blasenkrank ist. Auch bei gesunden Hunden ist darauf zu achten, daß sie nicht das kalte Wasser trinken oder beim Apportieren aus dem Wasser zuviel davon schlucken. Durch das Trinken des eiskalten Wassers könnte der Hund sich sonst eine Gastritis zuziehen.

Nach der Spielpause am Klammlsee ging es dann auf dem Fuhrweg Nr. 9 weiter bis zu dem auf 2.298 m gelegenen Klammljoch. Teilweise stehen hier noch alte Bunkeranlagen aus dem 2. Weltkrieg und auf dem Joch ein unbesetztes Zollhäuschen. Wenige Meter weiter weist ein Schild darauf hin, daß man sich nun in Österreich befindet. Wir folgten dem Fuhrweg weiter talwärts. Es öffnet sich der Blick ins Arvental, und man kann schon vom Joch aus die Arventalalmhütte sehen. Diese Almhütte ist wirklich ein Erlebnis. Man geht vom Fuhrweg ab über eine Weide auf die Hütte zu.

Nachdem wir den Arventalbach überquert und durch das Gatter gegangen waren, standen wir auf einem matschigen Hof. Ein kleines Pony kam auf uns zu. Unser Hund war erstmal sehr verdutzt. So einen "großen, gescheckten Hund" hatte er noch nie gesehen. Bei diesem Bergwanderurlaub war "Charly" immerhin erst 8 Monate alt. An dieser Stelle sei noch einmal ausdrücklich darauf hingewiesen, daß die beschriebenen Bergtouren bei großen Hunderassen im gleichen Lebensalter irreparable Gesundheitsschäden (für Knochenbau und Gelenke) hervorrufen können. "Charly" war erst 6 Wochen bei uns und sah viele Dinge wohl zum ersten Mal in seinem Leben. Auf diesem Hof liefen außerdem einige Ziegen frei herum. "Charly" lief mit den Ziegen über den Hof und rannte zu dem Pony auf die Weide. Schnauze an Schnauze standen die beiden dort und beschnüffelten einander. Auf dem lehmigen Hof standen vier Holztische und Stühle verteilt. Die Tische mit karierten Tischdecken. Die niedrige Hütte nimmt innen keine Gäste auf. Sie verfügt nur über zwei Räume, in denen die Wirtsleute den Sommer über leben. Wir suchten uns einen Tisch an der Stallwand und bestellten hausgemachten Strudel und Milch. Währenddessen standen die Ziegen oben auf dem Dach des Stalles und schauten uns in die Teller.

Diese Hütte bietet auch noch nicht den Luxus eines richtigen WC`s. Am Ende des Hofes, oberhalb einer Schlucht, steht das berühmte Häuschen mit dem Herzchen an der Türe, ein sehr zugiges Plumsklo. Inzwischen hatten die Ziegen angefangen, mit dem Hund Fangen zu spielen. Mal scheuchte der Hund die Ziegen, mal umgekehrt, und in den Atempausen standen sie alle drei versammelt neben unserem Tisch und bettelten.

Der Wohnraum der Hütte war gleichzeitig Küche. Nackte Steinwände, am Ende des Raumes eine Feuerstelle auf der ein riesiger gußeiserner Kessel stand. An der Wand aufgereiht die Schuhe der Besitzer, ein Plastikbottich mit eingeweichter Wäsche, ein schwerer, alter Ofen und ein Tisch. Mehr befand sich nicht in dem Raum. Aber vielmehr hätte in dem winzigen Raum auch keinen Platz gehabt. In dem noch kleineren Schlafraum befand sich nur ein kleines Schränkchen und ein normales Bett.

Wegen der sehr urigen Wirtsleute und der gediegenen Stimmung auf der Hütte, blieben wir hier 1^1/$_2$ Stunden. Von der Atmosphäre her war die Arventalalmhütte eine der urigsten Almhütten, die wir auf unseren Höhentouren kennengelernt haben. Dieses Hüttenziel ist allerdings untauglich für all jene, die es mit Komfort, zügiger Bedienung und fast steriler Sauberkeit halten. Für die, die das originelle Hüttenziel suchen, ist es ein Traumziel. Der Wirt spendierte ein Gläschen selbstgebrannten Schnaps. Bei dem Gedanken an den uns noch bevorstehenden Rückweg gönnten wir uns nur ein kleines Gläschen von dem Schnaps.

Dringend zur Vorsicht raten möchte ich beim Bergwandern in Bezug auf den Genuß von Alkohol. Es wundert mich immer wieder, daß viele Wanderer auf den Berghütten oft zu sehr dem Alkohol zusprechen; vielleicht ohne sich darüber klar zu sein, daß sie noch mehrere Stunden des Rückweges auf schmalen Wandersteigen vor sich haben. Durch die körperliche Anstrengung und Erschöpfung kann auf der Sonnenterasse einer Berghütte bei strahlendem Sonnenschein das zweite und dritte Glas Alkohol schon Folgen haben. Etwas vorsichtig sollte man auch bei den Mahlzeiten sein. Ganz davon abgesehen, daß die meisten Berghütten (insbesondere in Österreich) gesalzene Preise haben; mit übervollem Magen einen Rückweg von mehreren Stunden anzutreten, kann auch talwärts sehr beschwerlich sein.

Nach 16:00 Uhr sind in den Höhenregionen kaum noch Wanderer anzutreffen. Die Bergsteiger steigen teilweise um diese Zeit auf und übernachten auf den Hütten, um am nächsten Morgen sehr früh mit den Bergbesteigungen zu beginnen. Die "Seilbahntouristen", wie ich sie mal nennen will, sind schon längst wieder sicher in der Gondel oder im Hotel. Nur wenige Bergwanderer sind so spät noch auf dem Rückweg. Für den Rückweg wählten wir an diesem Tag die gleiche Strecke, wie für den Aufstieg.

Auf dem Rückweg legten wir nochmals auf der Knuttenalm ein kurzes Päuschen ein. Frühabendliche Stille war eingetreten, und über uns kreisten viele Raben. Die Sonne warf ihre letzten kräftigen Strahlen in das Höhental. Um 18:00 Uhr erreichten wir wieder unser Quartier und freuten uns auf eine deftige Abendmahlzeit.

Die reine Wanderzeit bei dieser Höhenwanderung betrug 6 Std. bei einem Höhenunterschied von ca. 750 m. Der Schwierigkeitsgrad ist im Wanderführer mit "leicht" angegeben.

4) Kasern (1.595 m) – Röttalalmhütte (2.100 m) – Lenkjöchlhütte (2.573 m) – Windtal – Kasern (1.595 m) (Rundweg)

Morgens, beim ersten Gassigang mit "Charly", regnete es in Strömen. Um 7:30 Uhr konnten wir sehen, wie die dunklen Wolken in Richtung Rein i.T. abzogen. Im Ahrntal war der Himmel dagegen blau mit weißen Schäfchenwolken. Mit dem Auto fuhren wir von Sand i.T. über Luttach, Steinhaus und Prettau nach Kasern. Der kleine Ort Kasern liegt auf 1.595 m. In Kasern parkten wir das Auto am alten Bergwerk. Um ca. 9:00 Uhr begannen wir die Wanderung.

Wir überquerten den Ahrnbach und wanderten auf dem Weg Nr. 11 in südöstlicher Richtung (Knappenberg). Auf dem serpentinenreichen Pfad geht es durch den Wald. An der Waldgrenze angekommen, führt der steinige Pfad an einigen der alten Bergwerksstollen entlang (aufgrund der feuchten Bodenbeschaffenheit teilweise sehr rutschig) hinauf zum Röttalkreuz. Von hier aus geht es südostwärts über die Röttalweiden zur Röttalalm.

Die Almhütte ist bewirtschaftet. Gäste mit Hund sind willkommen. Auf dem Hof der Hütte kann man auf Holzbänken Platz nehmen. Da es sehr windig und etwas kühl war, gingen wir allerdings in die noch sehr ursprüngliche Hütte.

Empfangen wurden wir zuerst von einer 2 Jahre alten Pyrenäenberghündin namens "Bianka". Sie hatte in "Charly" sofort einen Spielgefährten gefunden. Die beiden Hunde "krempelten erst einmal die ganze Hütte auf links". "Charly" war ungefähr wadenhoch, "Bianka" reichte mir bis an den Oberschenkel. Es sah einfach zu komisch aus, wenn "Charly" unter den Tisch rannte und "Bianka" versuchte, sich so klein wie möglich zu machen, um dann auch unter den Tisch zu krabbeln. Die Bäuerin holte für uns die gewünschten Getränke, und wir setzten uns mit den Wirtsleuten in die Stube. Der Bauer lag auf der Schlafstätte auf dem alten Kachelofen. Die alten Almhütten haben noch die großen Kachel- oder Steinöfen, auf denen sich wegen der auch im Sommer sehr niedrigen Temperaturen üblicherweise die Schlafstätte befindet.

Die Bäuerin arbeitete gerade an einer Klöppelarbeit. Sie zeigte uns stolz einige Stücke, die Sie zum Verkauf anbietet. Wir kauften ein kleines Deckchen. Der Bauer rührte sich während der ganzen Zeit der Unterhaltung nicht von seiner Schlafstätte. Als wir nach ca. ³/₄ Stunde wieder aufbrachen, fragte er beim Abschied nur, ob unser Hund zu verkaufen wäre.

"Charly" hatte mehrfach versucht, die riesige Hündin zu besteigen. Der Bauer meinte, er fände ein so "unkeusches" Tier gut. Die Röttalalmhütte bietet eine sehr ursprüngliche Atmosphäre und liegt auf 2.100 m.

Von der Röttalalmhütte geht es durch das Röttal in östlicher Richtung dem Talschluß entgegen. Man überquert an einer Stelle den Bach und wandert dann am Berghang entlang. Der Blick durch dieses ruhige Höhental auf die Kl. Löffelspitze, Kemater Spitze und Röttalspitze ist imposant. Überall rundherum ca. 3.000 m hohe Gipfel mit schneebedeckten Spitzen. Schafe grasten an den Gletscherhängen des Tales. Bei fast jedem Schritt auf diesem Weg findet man schöne Mineralien und Quarze. Nach einer Wegbiegung führt der schmale und nun sehr steinige Pfad unterhalb der Reinhart Spitze in nordöstlicher Richtung an der Bergwand entlang mit Blick auf den Rötkees. Ab der Wegbiegung ist die Lenkjöchlhütte am Talschluß sichtbar. Der Weg zur Hütte beträgt aber von diesem Punkt noch gut ³/₄ Stunde. Bei fast allen Hütten ist auf dem letzten Wegstück noch einmal ein kurzer, steiler Anstieg zu bewältigen. Aber die Hütte doch endlich zum Greifen nahe zu haben, gibt einem nochmal Auftrieb für die letzten Serpentinen. Auf diesem Abschnitt des Weges gingen wir durch Schnee. "Charly" war in seinem Element. Hier sei anzufügen, daß es empfehlenswert ist, dem Hund an den Pfoten zwischen den Zehen die Haare kurz zu schneiden, damit der Schnee nicht zu Verklumpungen führt.

Die Lenkjöchlhütte ist ebenfalls noch sehr ursprünglich. Kein Buffet, an dem man sich, wie bei vielen österreichischen Berghütten, zwecks Bestellung einreihen muß. Da auch diese Hütte nicht mit einer Seilbahn oder Gondel zu erreichen ist, hält sich die Anzahl der Gäste in angenehmen Grenzen. Von innen wirkt die Hütte etwas dunkel, aber gemütlich. Rund um die Berghütte lag Schnee. Ein kurzes Stück unterhalb der Hütte liegt ein kleiner See. Die Hütte verfügt nicht über eine Versorgungsseilbahn. Wir kamen mit dem Hüttenwirt ins Gespräch. Er erzählte uns, daß die Hütte zum großen Teil per Hubschrauber versorgt wird. Einen Teil des Proviants, insbesondere die Frischprodukte, holt er mit einem Geländemotorrad aus dem Tal. Der Hund war hier, wie auf den meisten Hütten, gut gelitten. Dafür ist die Lenkjöchlhütte allerdings eine Nichtraucherhütte. Hier stand ich also nun während der Unterhaltung mit dem Wirt bei ziemlicher Kälte vor der Hütte, um eine Zigarette zu rauchen. Die Lenkjöchlhütte liegt auf 2.573 m.

Den Abstieg von der Hütte traten wir nach ca. 1 Stunde in nordwestlicher Richtung an. Auf dem felsigen Pfad mit der Nr. 12 ging es vorbei an Felsen und Schneefeldern ins Windtal. Das erste Stück des Abstieges war sehr steil. Im Windtal angekommen, wird der Weg zu einem Trampelpfad durch Almwiesen. Wir hatten die steile Strecke gerade überwunden, da hörten wir hinter uns Motorengeräusch. Der Wirt der Lenkjöchlhütte kam mit seinem Geländemotorrad angedüst. Mit dem Motorrad auf dieser Art Boden zu fahren, erfordert einiges an Können.

Nun fing es auch an zu nieseln. Da wir Regencapes dabei hatten, konnten wir uns und die Rucksäcke vor Nässe schützen. Der Weg Nr. 12 führt nun quer durch die Almwiesen, vorbei an der Labesaualm (wird bewohnt, aber keine Einkehr).

An den Hängen kann man, gerade in den Höhentälern, oft die Murmeltiere pfeifen hören. Mit scharfem Auge und etwas Geduld hat man auch manchmal das Glück, die Tiere auf einem Felsvorsprung sitzen zu sehen. Sie sitzen dort auf den Hinterläufen, die Vorderläufe angewinkelt;

wie ein Hund, der "Männchen" macht. In dieser Position verharren die scheuen Tiere wie versteinert. Unser Hund bekam bei dem schrillen Pfiff fast "hektische Flecken". Man konnte ihm deutlich anmerken, daß er mit diesem Geräusch überhaupt nichts anfangen konnte. Seine Öhrchen richteten sich auf, soweit das bei seinen Schlappohren überhaupt möglich ist. Weiter geht es auf dem Weg Nr. 12, vorbei an der Heilig-geist-Kapelle. Der Weg führt am Ahrnbach entlang und verläuft parallel zur Straße. Den Ahrnbach überquerten wir über eine kleine Holzbrücke. Den letzten Rest des Weges ging es an der schmalen Autostraße entlang zum Parkplatz.

Um 17:30 Uhr waren wir wieder am Auto. Die Wanderzeit inklusive Pausen betrug ca. 8½ Stunden. Auf der gesamten Wanderung sind keine ausgesetzten Stellen oder Steige. Der Höhenunterschied beträgt 978 m. Im Wanderführer ist der Schwierigkeitsgrad mit "mittel" angegeben. Eine wirklich lohnende Rundwanderung für all jene, die konditionsstark sind.

5) Lappach (1.436 m) – Nevesstausee (1.856 m) – den gleichen Weg zurück

Da der Himmel morgens sehr bedeckt aussah, und wir die Wetterlage abwarten wollten, brachen wir zu dieser Wanderung erst um 11:00 Uhr auf. Die Gesamtwanderzeit ohne Pausen beträgt nur 1½ bis 2 Stunden, wodurch sich diese Wanderung besonders gut für einen "faulen" Tag eignet. Mit dem Auto geht es von Sand i.T. erst in südlicher Richtung bis Mühlen. Von dort in östlicher Richtung durch den Ort Mühlwald und weiter nach Lappach.

Lappach ist ein ganz kleines Bergdörfchen im Talschluß des Mühlwaldertales (1.436 m). Wir parkten das Auto am Ortsende und wanderten dann auf dem Weg 24/26 in nördlicher Richtung. Der anfangs mäßig steile Weg führt durch Wald, immer entlang dem Nevesbach und parallel zur Autostraße, die zum Nevesstausee führt. Die gesamte Zeit hat man den Blick auf den Bach und die gegenüberliegende Seite der kleinen Schlucht. Geradeaus vor sich sieht man hoch oben die Staumauer des Stausees. Es will einem beim ersten Anblick erscheinen, als ob es unmöglich sein müßte, zu Fuß dort hinauf zu gelangen.

Der Höhenunterschied für eine so kurze Wegstrecke ist schon gewaltig. Die Wanderzeit bis zum Stausee beträgt nämlich nur $^3/_4$ bis 1 Stunde, der Höhenunterschied allerdings immerhin ca. 420 m. Entsprechend steil verläuft der Weg.

6) Kasern (1.595 m) – Birnlückenhütte (2.440 m) – Lausitzer Höhenweg (ca. 2.500 m) – Kasern (Rundweg)

Mit dem Auto fuhren wir von Sand i.T., wie schon bei Wanderung Nr. 4 beschrieben, nach Kasern (1.595 m). Die Fahrtzeit beträgt ungefähr $^1/_2$ bis $^3/_4$ Stunde. Als wir in Sand losfuhren, war der Himmel bedeckt. Es zog etwas Nebel auf. Regen war laut Wetterbericht nicht zu erwarten. Um ca. 10:00 Uhr begannen wir die Wanderung. Das Auto hatten wir am Ortsende bei der letzten Parkmöglichkeit an der Jausenstation (Nähe Trinksteinhütte) abgestellt. Von der Jausenstation geht es auf einem breiten Fuhrweg Nr. 14/13 mäßig steil in Richtung Trinkstein-hütte.

Die Trinksteinhütte ist eine Ruine und liegt genau wie die Jausensta-tion, direkt an dem Fuhrweg auf ca. 1.671 m. Weiter geht es dann auf dem nun schmaler werdenden Weg Nr. 13 in nordöstlicher Richtung, immer am Ahrnbach entlang zur Birnlückenhütte. Der Weg führt vorbei an der Unteren Tauern Alm und der Kehrer Alm zur bewirtschafteten Lahner Alm. Eigentlich hatten wir geplant, hier unsere erste kurze Rast zu machen. Da Hunde auf dieser Almhütte aber nicht willkommen wa-ren, gingen wir noch ein Stück weiter, bis der Weg durch die an-schließenden Almwiesen führte.

Hier suchten wir uns einen großen Stein als Sitzgelegenheit aus und machten eine "Brotzeit". An verschiedenen Stellen auf den Almwiesen saßen die Leute. Ein Bauer trieb seine zwei Pferde, eine Stute mit ihrem Fohlen, vorbei. Am Talende wird der Weg dann sehr steil und steinig. Dieses steile Wegstück läßt sich aber mit Blick auf die oben am Berghang liegende Hütte gut bewältigen. Die Birnlückenhütte liegt auf 2.440 m und bietet einen traumhaften Blick ins Tal bis Kasern und auf den am gegenüberliegenden Hang verlaufenden Lausitzer Höhenweg. Die Birnlückenhütte war völlig überfüllt. Wir nahmen nur Tee zu uns und wanderten nach $^1/_2$ Std. Pause weiter.

Nun gingen wir in westlicher Richtung auf dem Lausitzer Höhenweg (Nr. 13). Der Höhenunterschied auf diesem Höhenweg beträgt ca. 100 m. Auf dem zurückgelegten Teilstück zwischen Birnlückenhütte und Krimmler Tauern Hütte befinden sich an einigen Stellen Wegabschnitte, die auch Anforderungen an den Hund stellen. So muß man auf dem schmalen Pfad an einer Stelle um eine Kehre, rechts Felswand, links Schlucht. Wo auf diesem Abschnitt der Weg sehr schmal wird, ist auch noch ein größerer Stein auf dem Weg zu umgehen. An einer anderen Stelle mußten wir über ca. 20 unterschiedlich hohe Holzstufen steil hinab, die mit dicken Metalldübeln im Fels befestigt sind. Einige Stücke des Weges führen über riesige Felsplatten, bei denen man teilweise Spalten überqueren muß. Wohl bemerkt, all die genannten Dinge stellen selbst für kleinere Hunde keine echten Probleme dar, aber Vorsicht ist geboten.

Vom Lausitzer Höhenweg, auf dem uns nur sehr wenige Wanderer begegneten, hat man einen traumhaften Blick ins Ahrnbachtal mit den verschiedenen Almen und auf die gegenüberliegenden Berge: Hohe Warte (2.720 m) und Sauspitzl (2.882 m).

Den höchsten Punkt auf diesem Teilstück des Lausitzer Höhenweges erreicht man an der Krimmler Tauern Hütte, die auf 2.568 m liegt. Die Hütte ist eine ehemalige Grenzstation (unbewirtschaftet). Wir setzten uns draußen auf Steinblöcke und verzehrten einen Teil des Proviants. Schließlich stand mein Mann auf, um mit der Videokamera den Ausblick ins Tal zu filmen. Ich blieb auf dem ca. 15 m entfernten Stein sitzen und sah ihm zu. Plötzlich raste "Charly" auf sein "Herrchen" zu. Was ich aus meiner Position nicht sofort sehen konnte war, daß mein Mann nur ca. 1 m vom tiefen Abgrund entfernt stand. Da er durch die Kamera sah, bekam er auch nicht sofort mit, was geschah. "Charly" schoß also auf ihn zu. Ich begriff im gleichen Moment, daß er schnurstracks auf den Abgrund zusteuerte. Ich schrie Charlys Namen, was den Hund zwar zur Vollbremsung in letzter Sekunde veranlaßte, aber seinem "Herrchen" einen gehörigen Schrecken versetzte. Uns beiden stand der Schreck ins Gesicht geschrieben. Der Hund stand 10 cm vor dem steilen Abgrund und sah uns an, als ob er fragen wolle: "Was ist denn mit Euch los? Ich besitze doch ABS-Bremsen!"

Nur ein kurzes Stück hinter der Krimmler Tauern Hütte zweigt der Weg Nr. 14 links talwärts ab. Serpentinenreich und steil führt der schmale, steinige Pfad zur unbewirtschafteten Oberen Tauern Alm, zur Unteren Tauern Alm und kurz darauf ins Ahrnbachtal auf den Fuhrweg, auf dem wir unseren Aufstieg begonnen hatten. Vorbei an der unbewirtschafteten Trinksteinhütte geht es zurück zum Auto.

Wir haben für diesen Rundweg mit mehreren kurzen Pausen 8 Stunden Wanderzeit benötigt, der Höhenunterschied auf dieser Strecke beträgt ca. 970 m. Der Schwierigkeitsgrad der Wanderung ist im Wanderführer mit "mittel" angegeben.

7) Rein i.T. / Seeber/Putzer Alm (1.539 m) – Erlanger Höhenweg/Gelttal – Riesenferner Hütte (2.792 m) – den gleichen Weg zurück

Diese Wanderung ist bedingt durch die Länge der Wanderzeit als Tagestour nur für Frühaufsteher geeignet. Es war bisher die einzige Bergwanderung, die wir in mehreren Jahren unserer Bergwanderurlaube zeitlich nicht geschafft haben und noch vor Erreichen des Zieles abbrechen mußten. Man kann diese Wanderung auch vom Antholzer Tal aus beginnen. Jedoch ist die reine Wanderzeit auf dem Weg sogar mit 9 Stunden angegeben. Uns wurde dazu geraten, es auf dem Weg Nr. 3 später (Erlanger Höhenweg) zu versuchen, da dieser nicht so steil und deshalb auch mit Hund eher zu schaffen sei.

Ehrlicherweise muß ich natürlich dazu sagen, daß wir auch keine Bergwanderer sind, die morgens um 5:00 Uhr aufbrechen. In der Regel beginnen wir unsere Wandertage mit einem gemütlichen Frühstück und brechen zu keiner Wanderung vor 8:30 Uhr auf. Eine solch lange Tour ist aber nur dann zu schaffen, wenn man im Morgengrauen mit der Wanderung beginnt.

Wir fuhren mit dem Auto von Sand i.T. nach Rein i.T. Noch bevor man in den Ort kommt, liegt auf der rechten Seite ein kleiner Parkplatz auf Höhe Seeber/Putzer Alm. Dort parkten wir das Auto um 9:15 Uhr.

Über eine Holzbrücke ging es rechts von der Straße über den Reinbach in südöstlicher Richtung zur Putzer Alm. Der Weg ist anfangs breiter und nicht steil. Vorbei an der Putzer Alm und den Wiesen ist der Weg matschig. Hinter der Putzer Alm wird er dann schmaler und steiler. Er führt in Serpentinen aufwärts durch den Wald Richtung Gelttal. Dieses Höhental ist in meinen Augen eines der schönsten Höhentäler in der Riesenferner Gruppe. Im Waldbereich, bis hinauf ins Gelttal, ist der

Weg sehr von Wurzeln durchzogen. An einer Stelle kommt man an einem kleinen Wasserfall vorbei. In dem Bereich ist der Weg außerdem etwas rutschig. Am Talanfang liegt die Äußere Gelttal Alm. Die Alm ist bewohnt, aber keine Jausenstation. Weiter geht es, immer auf dem Weg Nr. 3 bleibend, durch sumpfige Wiesen zur Inneren Gelttal Alm. Da herrliches Wetter war und die Sonne schien, gingen wir nicht zu dieser Jausenstation, sondern suchten uns einen großen Stein inmitten der Almwiesen als Rastplatz aus. Unser Hund spielte wie immer, wenn er in der Nähe von Wasser ist, wieder verrückt. Er düste durch die sumpfige Wiese und rannte dann immer wieder in den Gelttalbach.

Am Talschluß angekommen, führt der Weg Nr. 3 über den Gelttalbach aus den Wiesen heraus. Hier wird er zu einem steinigen Pfad, der direkt unterhalb der Wasserkopf Spitze und der Schwarzen Wand entlang durchs Gelttalkees führt. Der Weg besteht aus Steinen und Schutt und schlängelt sich oberhalb vom Bach an der Felswand entlang. Schließlich führt er sehr steil und serpentinenreich durch riesige Felsplatten bergan. Es scheint fast so, als ob Riesen hier Weitwurf geübt hätten. Die übermächtigen Felsplatten liegen mal wie von geheimer Hand sortiert und dann wieder in wirrem Durcheinander herum. Der kleine Trampelpfad führt gut markiert durch das Plattengewirr.

Man muß allerdings an Stellen, an denen Wanderwege durch Schotter, Geröll und Felsplatten führen, sehr genau auf die Markierungen achten. Die Farbmarkierungen der Wanderwege und die Nummern sind irgendwo auf die Felsplatten, teilweise in Abständen von mehreren hundert Metern, aufgesprüht. Paßt man nicht auf, so steht man plötzlich irgendwo in dieser Felsplattenlandschaft und muß dann über Stellen klettern, die Kraft und Zeit kosten und auch Gefahren in sich bergen können. Überhaupt ist es nicht ratsam, bei hochalpinen Bergwanderungen unmarkierte Abkürzungen, zum Beispiel quer durch den Wald oder durch Almen und Geröllfelder zu nehmen. Man kann davon ausgehen, daß Markierungen bewußt an den sichersten und einfacher begehbaren Stellen angebracht sind, auch wenn diese Wege dafür vielleicht länger sind. Sie kommen aber meistens zur gleichen Zeit am Ziel an wie jene Wanderer, die Abkürzungen nehmen. Und zwar schon deshalb, weil die markierte Route weniger Kräfte zehrt.

Der Weg Nr. 3/Erlanger Höhenweg führt immer in südöstlicher Richtung weiter. Oben, am Ende der Felsplatten angekommen, geht der Pfad dann wieder hinunter ins Gelttalkees. Wir überquerten den Bach, und hier standen wir dann plötzlich im Schnee. Der Pfad windet sich sehr schmal und steil an einem Berghang hoch in Richtung Gemsbichljoch. Auf dem Weg war der Schnee nun inzwischen ungefähr wadenhoch. Wir hatten zwar Wanderstöcke die etwas Halt geben, aber wir hatten bei dieser Wanderung weder Schneestulpen noch Wanderschuhe, die für Gletscher- oder Schneefeldbegehungen geeignet sind. Andauernd bekamen wir Schnee in die Schuhe. Sind dann die Wandersocken erst naß, so ist das die ideale Grundvoraussetzung, sich die sowieso schon arg geplagten Füße komplett wund zu laufen.

Es kamen uns an dieser Stelle Wanderer entgegen, die ein Stück oberhalb umgekehrt waren. Die Sonne schien inzwischen nicht mehr, und rundherum sah man nur Bergspitzen und Schnee. Zu diesem Zeitpunkt waren wir noch frohen Mutes, unser Ziel zu erreichen.

Als Profi stellt so etwas kein Problem dar. Für uns "Flachlandtiroler" kann das aber ganz anders aussehen. Der viele Schnee um einen herum wirkt im ersten Moment traumhaft. Nach einiger Zeit beschleicht einen aber ein leichtes Gefühl der Orientierungslosigkeit. Die Wanderer die uns entgegen kamen meinten, man müsse oben am Pfad angekommen noch über das Joch und dann über ein Gletscherfeld, um zur Hütte zu kommen. Die Hütte sei außerdem von oben noch nicht einmal zu sehen und somit garantiert noch 1 bis $1^1/_2$ Stunden entfernt. Da Nebel aufzog und es ganz leicht anfing zu nieseln, entschlossen wir uns ebenfalls umzukehren.

Als "Hobbybergwanderer" wollten wir so spät am Tag und unter den gegebenen Wetterverhältnissen nicht das Risiko einer ungeführten Gletscherbegehung eingehen. Es war auch zu diesem Zeitpunkt der Wanderung schon mittags 13:00 Uhr. Wir konnten uns ausrechnen, daß wir frühestens um 15:00 Uhr an der Hütte gewesen wären. Kaum noch Zeit für eine gescheite Pause, die aber mit Sicherheit nötig gewesen wäre, denn wir hatten noch ca. 4 Std. strammen Rückmarsch vor uns. Vor Eintritt der Dunkelheit um ca. 18:30 Uhr wären wir auf keinen Fall wieder am Parkplatz gewesen. Schweren Herzens entschlossen wir uns also zur Umkehr und ließen uns auf dem Rückweg Zeit, die Natur zu genießen.

Der Hund raste wie besessen durch den Schnee und hatte dabei höllischen Spaß. Aber auch für uns Zweibeiner war die Wanderung ein wunderschönes Naturerlebnis. Abgesehen davon, hatten wir auf dieser Wanderung wieder dazugelernt. Für uns war klar, die nächste Anschaffung an Ausrüstung würden Schneestulpen sein.

Das Glücksgefühl, das uns nach den meisten anderen Wanderungen erfüllt, weil man den sogenannten "inneren Schweinehund" besiegt hat, blieb aus. Ein Mißerfolg ist immer eine traurige Sache. Wir hatten uns schon deshalb so auf diese Hütte gefreut, weil es die höchstgelegene Berghütte in der Region ist. Aber eine wichtige Erfahrung ist natürlich beim Bergwandern nicht nur das Bewältigen eigener Grenzen, sondern auch die Akzeptanz bestimmter Grenzen. Wesentlich erfahrenere Bergwanderer haben uns später einmal gesagt, daß sich ein schlechter Bergwanderer von einem guten Bergwanderer letztendlich in der Hauptsache durch seine Vernunft unterscheide. Man vergibt sich nichts dabei eigene Grenzen, ob körperlicher oder psychischer Natur, nicht zu überschreiten. Umkehr ist beim hochalpinen Bergwandern kein Zeichen von Schwäche. So manches Mal ist Umkehr auch ein Zeichen dafür, daß man noch "im Vollbesitz seiner geistigen Kräfte" und nicht größenwahnsinnig ist.

Den Rückweg traten wir auf dem gleichen Weg an. Um ca. 18:00 Uhr waren wir wieder am Auto. Die letzten Sonnenstrahlen im Tal warfen ein warmes, mildes Licht auf den Parkplatz. Auf dem Wald, aus dem wir kurz zuvor herausgekommen waren, lag Schatten. Im Reintal herrschte schon frühabendliche Stille. Als wir am geöffneten Kofferraum unseres PKW`s die Wanderschuhe auszogen, lag "Charly" schon zusammengerollt unter dem Kofferraum. Der kleine Kerl ist bis zum letzten Moment der Wanderung immer topfit. Aber am Auto angekommen, scheint "die Luft dann wirklich raus zu sein".

8) Nevesstausee (1.856 m) – Edeltrautehütte (ehemals Eisbruggjochhütte 2.545 m) – Neveser Höhenweg – Nevesjochhütte (ehemals Chemnitzer Hütte 2.420 m) – Nevesstausee (Rundweg)

Mit dem Auto fuhren wir morgens zur gewohnten Zeit in Sand ab. In südwestlicher Richtung ging es durch den Ort Lappach (Fahrtstrecke wie bei Wanderung Nr. 5 beschrieben). Von Lappach aus geht es in extrem schmalen und unübersichtlichen Serpentinen auf der Asphaltstraße weiter bergan bis zu dem auf 1.856 m gelegenen Nevesstausee. Dieser Bergsee, eingebettet zwischen Almwiesen, Höhentälern und 3.000 m hohen Gipfeln, ist wirklich imposant.

Vom Parkplatz, direkt am Seeufer, beginnen wir um 9:10 Uhr unsere Wanderung. Zuerst geht es immer der Asphaltstraße folgend am Ostufer des Sees entlang. Nach nur 10 Minuten Gehzeit kommen wir an eine Schranke. Wir umgehen die Schranke. Auf dem Fuhrweg Nr. 24/26 geht es weiter in nördlicher Richtung. Der Fuhrweg führt vorbei an der Unteren Nevesalm auf 1.860 m (keine Einkehr). Der Weg Nr. 26 biegt am nördlichen Ende des Sees links ab in südwestliche Richtung und führt durch das Bett des Ursprungsbaches. Dann verläuft dieser Fuhrweg am westlichen Ufer des Nevesstausees entlang, vorbei an zwei Almen (ebenfalls keine Bewirtung). Auf diesem Teil des Weges kommen einem, wie fast überall auf den Almwegen, freilaufende Kühe entgegen. Hat Ihr Hund die Angewohnheit Kühe zu jagen, so sollten Sie ihn bis zum Abzweig des Weges ins Pfeifholder Höhental anleinen.

Ungefähr in der Mitte des Westufers des Stausees zweigt rechts der Weg Nr. 26 ins Pfeifholder Höhental ab. Anfänglich ist der Weg serpentinenreich und sehr steil. Am Bach entlang wird er mäßig steil, zieht sich aber scheint`s endlos hin. Auf Strecken, die schier endlos erscheinen, komme ich immer in Versuchung, mein Gehtempo zu beschleunigen, um die unangenehme Strecke entsprechend zügig hinter mich zu bringen. Dieser Versuchung sollten Sie widerstehen. Die Abstände zwischen den Pausen zum Luft holen werden immer kürzer. Der Enderfolg ist dann nur, daß man zwangsweise eine richtige Pause einlegen muß.

Der Gehrhythmus beim Bergwandern sollte die gesamte Wanderung über gleich bleiben. Lieber gleichbleibend langsam, als zu schnell. Wandern Sie in einer Gruppe, so sollte die gesamte Gruppe immer auf die langsamste Person Rücksicht nehmen. Beim hochalpinen Bergwandern ist Ihre Konzentration sehr wichtig. Ich bin dabei einerseits total entspannt und habe das Gefühl, daß mein Kopf völlig frei ist. Gleichzeitig erfordert das Bergwandern ein Höchstmaß an Konzentration. Sie benötigen all Ihre Konzentration um auf Gehrhythmus, Wegbeschaffenheit und Markierungen zu achten. Aber trotzdem kann man Ausblicke und Natur pur genießen. Wenn ich gefragt werde, an was ich beim Wandern denke, so kann ich nur sagen, eigentlich an gar nichts. Mein Kopf ist von allen Alltagsgedanken völlig frei, und ich befinde mich fast in einem Trancezustand.

Wenn ich konzentriert gehe, gibt es deshalb für mich auch nichts was mehr stört, als "brabbelnde" und "kichernde" Grüppchen. Ich finde das Phänomen immer wieder interessant, wenn sich Menschen in regelrechten Pulks zusammenschließen und man beim Überholmanöver die

Gesprächsfetzen mitbekommt. Meistens geht es in den lauten Gesprächen um das Abendessen im Hotel und ähnliche Nichtigkeiten.

Die Männer bilden dabei üblicherweise eine Gruppe für sich, weit zurückgefallen folgt die Gruppe der dazugehörenden Ehefrauen. Da Geh- und Atemrhythmus eng zusammen gehören, ist es für mich immer wieder unfaßbar, wie diese Gruppen überhaupt einen Meter weiterkommen. Interessant ist auch, daß die Gruppen, welche die Wanderungen als tratschender Club antreten, selten junge Leute sind. Diese ziehen eher ruhig und zügig vorbei. Wenn man zu sehr mit der Unterhaltung beschäftigt ist, nimmt man auch eigentlich die traumhafte Natur nicht halb so intensiv wahr.

Wenn wir im hochalpinen Bereich wandern sieht es eher so aus, daß jeder von uns in seinem Rhythmus gefangen scheint, seinen ganz eigenen Gedanken nachhängt und einfach nur genießt. Während der kurzen Päuschen oder der längeren Aufenthalte an den Hütten tauschen wir uns untereinander oder mit anderen Wanderern aus.

Der Weg durch das Pfeifholder Höhental (Nr. 26) bietet einen imposanten Ausblick. Man überblickt den ganzen See und hat auf der Ostseite des Sees den Blick auf den Schaflahnernock, Weiße Wand und Tristenspitze. Auch die Nevesjochhütte ist bei klarer Sicht zu erkennen. Zum Talschluß hin überquert man den Bach und geht auf dem Pfad am Berghang entlang. Das letzte Stück zur Edeltrautehütte (ehemals Eisbruggjoch Hütte) wird noch einmal etwas steiler. An der Edeltrautehütte, die auf 2.545 m liegt, hat man den Ausblick ins Pfeifholder Tal und auf den Nevesstausee sowie auf die umliegenden Gipfel, die von hieraus bestiegen werden können. Auf der Rückseite der Hütte blickt man auf den Eisbruggsee.

Ein Wanderer erzählte uns an der Hütte, daß er von dort aus die Besteigung eines Gipfels wagen wolle, von dem ihm erzählt worden war, daß dort sehr schöne Quarze und Steine zu finden seien.

Wir wollten erst in die gemütliche Hütte, aber der Wirt verwies uns freundlich nach draußen. Er erklärte mir, laut "Hüttenordnung" sei der Zutritt für Hunde verboten. Im Gespräch mit dem Wirt stellte sich dann folgende Geschichte heraus. Der Schäferhund eines Touristen hatte sich wohl einige Zeit zuvor in dem Sinne verselbständigt, daß er an einem Tisch, an dem mehrere Männer der Bergrettung saßen, mit den Pfoten auf den Tisch sprang, um an einen Teller heranzukommen. Für einen der Männer von der Bergrettung war das wohl Anlaß, gegen den Hüttenwirt Anzeige zu erstatten, weil er dem Hund den Zutritt erlaubt hatte. Der Hüttenwirt bekam eine hohe Geldstrafe und möchte verständlicher Weise in seiner Hütte keine Vierbeiner mehr. Ich hatte wirklich das Gefühl, daß ihm die ganze Situation unangenehm war, habe aber durchaus Verständnis für seine Situation.

Nach kurzer Rast an der Edeltrautehütte brachen wir wieder auf. Auf dem Neveser Höhenweg (Nr. 1) ging es nun in nordöstlicher Richtung weiter. Von allen Punkten dieses Höhenweges hat man imposante Ausblicke auf die umliegenden Berge, den Nevesstausee und ins Lappacher Tal. Der See schimmert, je nach Lichteinfall, mal grasgrün oder strahlend blau. Der Höhenweg führt, wie die meisten anderen Höhenwege auch, durch eine Urlandschaft aus Geröll und Fels.

Immer wieder sind Wegabschnitte sehr rutschig. Der Wanderweg verläuft entlang den sogenannten "Wasserböden". Ab dem späten Vormittag, wenn die Sonne hoch steht und ständig Schnee auf den Gipfeln schmilzt, laufen kleine Rinnsale von Schmelzwasser an zahllosen Stellen quer über den Weg. An manchen Stellen sind es auch ausgewachsene Bäche. Ein größerer Bach muß überquert werden. Ein Ehepaar, das wir an der Edeltrautehütte kennengelernt hatten, und das diesen Weg vor 20 Jahren schon einmal gewandert war, hatte uns von der Stelle erzählt.

Eine andere Stelle kann mit einem größeren Hund allerdings ein echtes Problem darstellen. Ungefähr auf der Mitte des Höhenweges, nahe den Wasserböden, muß man sich ein Stück an einem Sicherungsseil eine gerade Felswand hochziehen. Wenn Sie einen Hund haben, den Sie aufgrund seiner Größe und seines Gewichtes nicht unter den Arm nehmen, bzw. 2 m senkrecht hochreichen oder hochschieben können, dann ist diese Wanderung hier für Sie eventuell beendet. Am besten ist es, die Überquerung der "Wasserböden" noch am Vormittag anzugehen. Sonst muß man auch in Kauf nehmen, daß die Wanderschuhe naß werden. Der Höhenweg hat keine gravierenden Höhenunterschiede. Nur wenige Male geht es mäßig steil etwas bergab und bergauf.

Ab dem auf 2.550 m liegenden "Mösele" biegt der Höhenweg Nr. 1 in südöstliche Richtung ab. Wir sind nun seit der Pause an der Edeltrautehütte schon gut 2 Stunden durch die unterschiedlichsten Felslandschaften gewandert, und der Weg fängt an, sich sehr in die Länge zu ziehen.

Nach ca. 3 Stunden auf dem Höhenweg ist die Nevesjochhütte erreicht. Wir durften mit dem Hund in die gemütliche, aber überfüllte Hütte. Da jedoch schon mehrere andere Hunde in der Gaststube waren, und dermaßen beengte Verhältnisse nicht besonders angenehm für die Tiere sind, brachen wir nach kurzer Pause wieder auf.

Auf der Hütte hatten wir den Mann wiedergesehen, der uns an der Edeltrautehütte von der geplanten Bergbesteigung erzählt hatte. Er strahlte übers ganze Gesicht. Bei der Besteigung hatte er einen schönen Stein mit Granat-Einschlüssen gefunden, den er uns stolz zeigte.

Von der Nevesjochhütte ging es erst auf einem Wanderpfad, der später zum Fahrweg wird (Weg Nr. 24), talwärts. Der Weg ist anfangs nicht sehr kurvenreich. Aber das letzte Stück dieser Straße, die hinunter zum Nevesstausee führt, besteht nur aus Kurven. Bei dem nun schon stärkeren Gefälle und den vielen Serpentinen schmerzt nach so langer Laufzeit auf dem Asphalt bald jeder Muskel und jeder Knochen. Der Fuhrweg endet an der Unteren Nevesalm und führt dann links hinunter, innerhalb weiterer 20 Minuten Gehzeit zum Parkplatz.

Die Wanderzeit einschließlich vier Pausen betrug, bei einem Höhenunterschied von 689 m, 9 Stunden. Wir waren ca. 18:00 Uhr am Auto. Schwierigkeitsgrad laut Wanderführer "schwierig" "nur für Geübte". Ich denke allerdings, daß die Kondition bei diesem Bewertungsmaßstab eine gravierende Rolle spielt.

9) Prettau (1.476 m) – Waldner Alm (2.063 m) – Waldner See (2.338 m) – Hochwieser Alm (2.025 m) – Prettau (Rundweg)

Für diese Wanderung parken wir in Prettau an der Post. Um 9:15 Uhr beginnen wir die Wanderung auf der mäßig steil bergan führenden Fahrstraße Nr. 16 B, die vom Ort aus durch den Amaßwald erst in nordöstlicher Richtung verläuft. Wir folgen den Serpentinen des Fuhrweges 16 B, der kurz darauf als Weg Nr. 16 A in südwestlicher Richtung zum Lechnerköpfl führt. Am Lechnerköpfl zweigt rechts der Weg Nr. 15 zur Hochwieser Alm ab. Wir bleiben jedoch auf dem Fuhrweg 16 A und gehen nun Richtung Wieser Hütte (1.988 m).

Auf Fuhrwegen oder Straßen zu wandern empfinde ich persönlich immer als unangenehm. Auf den Schotterfuhrwegen oder asphaltierten

Forststraßen läßt es sich sehr viel schlechter gehen, als zum Beispiel auf unterschiedlich gearteten Wald-, Alm- oder Felspfaden.

Wir kehren nicht auf der Wieser Hütte ein, sondern gehen noch weiter bis zur Waldner Alm (2.063 m). Das Wetter an diesem Tag war schöner, als an irgendeinem Tag vorher. Es war strahlender Sonnenschein und sehr warm.

Die Wanderung bis zur Wieser Alm verlief in Serpentinen durch den Wald, der etwas Schatten spendete. Der Ausblick auf die gegenüberliegende Seite des Tales mit den Bergen: Merb Spitze, Kl. Löffelspitze, Kemater Spitze, Reinhart Spitze, Sattel Spitze und Pferrer Spitze ist imposant. Gut zu sehen ist auch das Röttal.

Ab der Wieser Hütte ist die Wanderroute bis oberhalb der Waldner Alm optisch nicht sehr schön. Bei der Wieser Hütte war es nicht möglich einzukehren. Statt dessen konnte man unterhalb der Hütte, an einer Art Baucontainer, Schnitzereien und Cola in der Dose erwerben. Ich habe selten etwas so unpassend empfunden, wie diesen Baucontainer mit Kitsch und Imbiß. Das ganze Höhenplateau war etwas enttäuschend. Rundherum nichts als kahle Hänge, übersät von Lawinenbarrieren. Wegen der Hitze legten wir auf einem kleinen Stück Wiese mit Blick ins Tal eine Pause ein.

Prettau sah von oben aus, wie ein kleines Spielzeugdorf. Nach ca. 20 Minuten Pause ging es dann weiter Richtung Waldner Alm. Wir wanderten rechts auf dem steilen und serpentinenreichen Geröllpfad (Waldner Eggen) an dieser Alm vorbei hinauf zum Waldner See. Die Almhütte sah zwar von außen ganz gemütlich aus, aber es waren draußen keine Sitzgelegenheiten mehr frei. Ein Schäferhund lief auf der Wiese in unsere Richtung und verbellte uns. Er bestärkte nicht gerade das Gefühl in mir, daß er uns und "Charly" auf seiner Alm willkommen heißen wollte.

Der Waldner See liegt inmitten von Felsen und Geröll auf einem Höhenplateau auf 2.338 m. Der Blick auf den See und die dahinter liegenden Berge, auf Sauwipfl, Gamsspitzl, Rauchkofel und Steinmannl entschädigt für die hinter uns liegenden Anstrengungen. Am südlichen Ufer des Sees ließen wir uns zu einer Brotzeit nieder. "Charly" nutzte die Gelegenheit für eine Abkühlung im See.

Ab dem Waldner See wird der Weg Nr. 15 (Höhenweg) in nordöstlicher Richtung wieder sehr schön. Es geht auf und ab auf dem schmalen Pfad durch das Marchsteinkar. Rechts hinunter der Blick ins Tal und auf die schneebedeckten Bergspitzen der gegenüberliegenden Berge. Der Weg führt durch ein kleines Tal mit einem namenlosen Tümpel. Wir gehen weiter in südöstlicher Richtung zur Hochwieser Alm (bewohnt, aber keine Jausenstation). Auf dem letzten Wegstück bis zur Hochwieser Alm läuft der Pfad quer durch Unmengen von Heidelbeersträuchern.

An der Hochwieser Alm angekommen, kühlten wir uns ab. Bei dem warmen Wetter war die Wanderung schon etwas beschwerlich. Vor der Almhütte stand eine riesige hölzerne Viehtränke, in die aus einem Gartenschlauch frisches Wasser floß. Hier biegen wir dann auf den Weg Nr. 15 nach rechts ab. Wir befinden uns nun wieder auf dem Fuhrweg und gehen in südwestlicher Richtung talwärts bis zum Lechnerköpfl. Dort stößt der Weg Nr. 15 dann wieder auf den Fuhrweg Nr. 16 A, der erst in östlicher und dann in südwestlicher Richtung zurück in den Ort führt.

Um 17:00 Uhr waren wir wieder am Auto. Die Wanderzeit (inklusive mehrerer kurzer Pausen) betrug ca. $7^1/_2$ Std. In dieser Zeit wurde ein Höhenunterschied von 880 m bewältigt. Laut Wanderführer ist der Schwierigkeitsgrad "mittel". Heute hatten wir wirklich richtiges "Riesenferner Wetter". Immer wenn wir bei Bergwanderurlauben Traumwetter erleben, so heißt das bei uns nur noch "Riesenferner Wetter", weil wir uns auf der bereits geschilderten Wanderung zur Riesenferner Hütte so ein Traumwetter sehr gewünscht hätten.

10) Rein i.T./Gasthof Berger (1.595 m) – Mittermayer Alm (1.986 m) – Reiner Höhenweg – Durra Alm (2.096 m) – Knuttental – Gasthof Berger (Rundweg)

Zur gewohnten Zeit brachen wir morgens mit dem Pkw von Sand nach Rein auf. Am oberen Ortsrand parkten wir das Auto am Gasthof Berger (1.595 m). Direkt auf der Rückseite des Gasthofes beginnt der Wanderweg.

Man hat für den Wegabschnitt bis zur Moosmayer Alm zwei Möglichkeiten. Entweder folgt man vom Gasthof Berger bis zur Moosmayer Alm dem Weg 10/Fuhrweg Nr. 1 A (vorbei an der Mittermayer Alm), oder man wandert auf einem nicht numerierten Pfad steiler quer durch den Wald und Almwiesen bergan. Dieser nicht numerierte Weg führt direkt zur Moosmayer Alm. Wir begannen die Wanderung ca. 9:00 Uhr und wanderten erst ein kurzes Stück durch den Wald, legten dann aber den größten Teil der Strecke auf dem Forstweg Nr. 1 A zurück.

Bis zur Mittermayer Alm (1.986 m), die direkt am Höhenweg 1 A gelegen ist, benötigten wir 1^1/$_2$ Stunden. Der Wanderweg führt über den Hof der Alm. Die Bäuerin sprach uns an, ob wir vielleicht ihren Mann mit seinem weißen "Panda" gesehen hätten. Wirklich hatten wir kurz zuvor auf einer Wiese einen Bauern gesehen, und ein weißer "Panda" hatte auf dem Forstweg gestanden. Die Bäuerin meinte daraufhin, sie würde nämlich mit dem Essen auf ihren Mann warten. Nachdem "Charly" die Bäuerin schwanzwedelnd begrüßt und ich ihr beteuert hatte, daß der Hund ganz brav sei, ging die Frau zur Hütte zurück und ließ ihre Hündin heraus. "Blacky" ist eine rabenschwarze, kleine Mischlingshündin. "Charly" und "Blacky" fingen auch sofort an, miteinander zu spielen und scheuchten sich gegenseitig über den ganzen Hof. Während die Hunde spielten, kamen wir mit der Bäuerin ins Gespräch.

Sie berichtete uns, daß die Bewirtschaftung von Almhütten immer seltener betrieben würde und nur für jene Bauern ein einträgliches Geschäft sei, die auch Bergwanderer bewirten. Die reine Viehhaltung würde nicht mehr genug abwerfen, um rentabel zu sein. In einigen Jahren, so ihre Vermutung, würde es wahrscheinlich kaum noch bewirtschaftete Almhütten geben. Die jungen Leute mögen die harte, körperliche Arbeit nicht verrichten, die Erträge seien dürftig, und letztendlich bedeutet es ja auch Isolierung und Einsamkeit. Für diese Art zu leben ist natürlich nicht jeder geschaffen. Die Almwirte und Berghüttenwirte bewirtschaften die Hütten in der Regel nur in den Sommermonaten, während dieser Zeit leben sie auch auf den Hütten. Den Rest des Jahres verbringen die meisten von ihnen in den größeren Orten im Tal und bewirtschaften dort entweder einen Hof oder gehen irgendeiner anderen Arbeit nach. Die Frau erzählte uns, daß sie auf ihrer Alm noch selbst Käse und Butter herstellen, was auf vielen Almen schon nicht mehr geschieht.

Zwischenzeitlich waren die zwei auf der Alm lebenden Schweine aus dem Stall gekommen. "Charly" hatte noch nie ein Schwein gesehen, und deshalb war seine Reaktion auch fast filmreif. Er ließ die Hündin stehen und ging auf eines der Schweine zu. Die Sau wirkte überhaupt nicht beunruhigt durch die Anwesenheit des fremden Hundes. Der

Hund stellte sich vor die Sau und schnüffelte an ihrem Gesicht herum. Dann ging er um sie herum und schnüffelte an ihrem Ringelschwänzchen. Schließlich versuchte er, das Tier zum Spielen zu animieren. Die Sau zuckelte völlig desinteressiert weiter und grunzte nur. Als "Charly" und "Blacky" dann wieder spielten, rannten die beiden auf die Schweine zu und sprangen beide über eines der Tiere hinweg. Es sah wirklich zu komisch aus.

Charly`s erste Begegnung mit einer Sau, Mittermayer Alm/Reiner Höhenweg

Nach ca. $^1/_2$ Stunde Aufenthalt gingen wir auf dem Weg Nr. 1 A/Reiner Höhenweg weiter in nordöstlicher Richtung. Der Weg führt noch an der Moosmayer Alm (bewohnt, aber nicht Jausenstation), sowie an der verlassenen Hirber Alm vorbei. Er ist hier inzwischen schmal und felsig. Der Höhenweg führt unterhalb der Berghänge der Durreck Gruppe entlang. Man hat links den Blick auf den Kl. Mostnock (2.630 m), Gr. Mostnock (3.059 m), Cima Dura (3.130 m), Hirbernock (2.991 m), Katzenkofl (2.920 m) und Schwarzerspitz (2.862 m). Nach rechts blickt man ins Knuttental mit dem Knuttenbach, sowie auf die gegenüberliegenden Berge der imposanten Riesenferner Gruppe. Kurz hinter der Hirber Alm wird der Weg dann zu einem schmalen Bergpfad.

"Charly" hatte unterwegs an einem Tümpel das kalte Bergwasser getrunken und fing nun plötzlich an, sich zu erbrechen. Er erbrach nur gelben Schaum. Durch das kalte Wasser wird von Zeit zu Zeit seine chronische Gastritis akut. Wenn ein Hund so gerne schwimmt wie

„Charly", dann läßt es sich nicht vermeiden, daß er dabei auch ab und zu von dem Wasser schluckt. Der Hund wirkte etwas schlapp und ich gab ihm sofort seine Medizin.

Auf dem letzten Stück des Reiner Höhenweges zur Durra Alm bewölkte sich der Himmel, und es fing an zu nieseln. Wir zogen unsere Regencapes an und beeilten uns, die Durra Alm zu erreichen.

Die auf 2.096 m gelegene Durra Alm wurde 1991 neu aufgebaut. Durch einen Brand war die alte Almhütte völlig zerstört worden. Die neue Hütte ist aus hellem Holz im Stil eines Blockhauses erbaut. Außen verfügt die bewirtschaftete Hütte über eine große überdachte Terrasse mit Holzbänken und Tischen, auch die Stube ist urgemütlich. Man kann hier verschiedene Kleinigkeiten zu essen bekommen, auch die von uns heißgeliebte Frischmilch.

Vor der Holzterrasse befanden sich zwei freilaufende Ziegen. Da "Charly" mit den Ziegen auf der Arventalalm die Erfahrung gemacht hatte, daß der liebe Gott sie scheinbar nur für ihn zum Spielen in diese Welt gesetzt hat, lief er direkt auf diese beiden Ziegen zu. Jetzt allerdings mußte er feststellen, daß nicht jede Ziege mit einem Hund spielen will. Mit gesenktem Kopf und "kampfbereiten" Hörnern lief die eine Ziege hinter dem Hund her. Der kleine Kerl erschreckte sich fürchterlich und verkroch sich erstmal unter unserem Tisch.

Wir bestellten Spaghetti und eine Portion hausgemachten Graukäse (wärmstens zu empfehlen). Außer uns waren nur wenige Wanderer auf der Hütte. Da der Regen immer stärker wurde und dazu ein guter Wind blies, begaben wir uns nach dem Essen in die Stube. Der junge Hüttenwirt saß an dem großen, weißen Ofen und richtete seine Kuhglocken für den bevorstehenden Almabtrieb her. Bei einem weiteren Glas Milch schauten wir ihm noch eine Weile beim Polieren der Schmuckglocken zu. Inzwischen hatte es angefangen leicht zu schneien. Dieser Wettersturz war nach kurzer Zeit vorüber, und die Sonne kam wieder zum Vorschein.

Von der Durra Alm aus ging es nun auf dem Weg Nr. 1 in Serpentinen in südwestlicher Richtung weiter. Der schmale Trampelpfad führt über Almwiesen und durch den Wald hinunter ins Knuttental. Auf diesem Teil der Strecke erlebte ich meinen bisher einzigen Sturz. Auf dem durch den Regen rutschig gewordenen Pfad war ich auf eine Wurzel getreten und rutschte aus. Ich fiel rückwärts und landete sehr unsanft auf dem "Allerwertesten". Ich hatte Glück im Unglück. Nach dem ersten Schreck stand ich wieder auf den Füßen. Mein Rücken schmerzte ein bißchen und mein "Hosenboden" sah fürchterlich aus, aber ansonsten war alles in Ordnung. Eine kleine Gruppe junger Leute, die uns auf dem schmalen Pfad entgegen kamen, hielt an. Ein junger Mann erkundigte sich, ob alles in Ordnung sei, was ich bejahte.

Im Knuttental angekommen, wanderten wir auf dem Fuhrweg rechts in südwestlicher Richtung zurück nach Rein. Als wir gerade die ersten Häuser des Ortes passiert hatten, fiel mir ein ausgewachsener Schäferhund auf, der in einer Entfernung von ca. 30 Metern neben seinem Spielzeug auf dem Parkplatz eines Hotels lag. Wie immer in diesen Situationen, beobachtete ich den Hund aufmerksam. "Charly" hatten wir bei den ersten Häusern angeleint. Inzwischen regnete es wieder. Der Schäferhund sah aufmerksam in unsere Richtung, machte aber keine Anstalten aufzustehen. Ich weiß nicht warum, aber irgendwie hatte ich das Gefühl, ich sollte mich umdrehen. Was ich hinter meinem Rücken entdeckte, brachte das Blut in meinen Adern fast zum Gerinnen. In einer Entfernung von ca. 50 Metern stand ein Mischling. Das Tier sah aus, wie eine Collie- oder Husky-Schäferhund-Mischung. Der Hund hatte auf diese Entfernung die Lefzen so sehr hochgezogen, daß es wirkte, als würde er lachen. Erst langsam in geduckter Haltung, dann in Trab und schließlich in einen "Schweinsgalopp" verfallend, kam das Tier auf mich zu. Meine Reaktion auf die im folgenden beschriebene Situation soll hier keinesfalls zur Nachahmung empfohlen werden, denn so etwas kann natürlich auch ganz anders ausgehen.

Während mein Mann den Schäferhund im Auge behielt, konzentrierte ich mich auf den Mischling. In solchen Situationen kann man nur noch instinktiv handeln. Mir schossen die Gedanken durch den Kopf: "Charly hochheben? Bloß nicht!", "Wild mit den Armen fuchteln oder nach dem Tier treten? Bloß nicht!", "Beine in die Hand nehmen und mit Charly weglaufen? Bloß nicht! Naja, so furchtbar viele andere Möglichkeiten bleiben ja dann nicht mehr. Zum logischen Denken läßt einem die Schrecksekunde keine Zeit mehr. "Charly" war immer noch angeleint und zeigte Angst. Er bellte oder knurrte nicht, aber er stellte sich mit eingezogenem Schwanz schutzsuchend hinter mich. Instinktiv wußte ich, wenn ich den Hund nicht durch eine für ihn unkalkulierbare Handlung vertreiben könnte, dann gäbe es keine Möglichkeit mehr einzugreifen. Es ließ sich ja auch nicht abschätzen, wie der immer noch ruhig liegende Schäferhund hinter mir reagieren würde. Würden sie gemeinsam auf "Charly" losgehen, oder der Schäferhund den Mischling von seinem Territorium vertreiben?

Ich bückte mich, so daß mein Oberkörper ungefähr mit der Höhe des Mischlings gleich war. Und dann reagierte ich, wie ich es bisher in ähnlichen Situationen nie wieder zustande gebracht habe. Ich fauchte den Hund mit freiliegenden Zähnen an. Das Fauchen war für meine Ohren laut genug, daß ich in dem Moment das Gefühl hatte, es hätte einen Automotor übertönen können. Der Mischling machte daraufhin ca. 5 Meter vor mir im gleichen Moment eine "Vollbremsung". Er starrte mich ratlos an und hörte auf, die Zähne zu fletschen. Dann drehte er sich um und lief in die Richtung zurück, aus der er gekommen war.

Zwischendurch drehte er sich mehrmals nach mir um, als wenn er es nicht fassen könne. Ich bin zwar kein Hund und weiß logischerweise auch nicht, was in dem Tier vorgegangen sein mag. Ich stelle mir aber vor, er hat sich vielleicht gedacht: "Moment Mal. Hund auf zwei Füßen der faucht, gibt es nicht. So eine große Katze auf zwei Füßen auch nicht. Ein Mensch, genauso groß wie ich, der faucht, schon gar nicht. Nichts wie weg!" Wahrscheinlich war es aber etwas ganz anderes, was ihn veranlaßte, das Weite zu suchen.

Der Schäferhund auf dem Hotelparkplatz hatte sich inzwischen hingesetzt. Ich bin heute fast sicher, wäre der Mischling weiter in meine Richtung gelaufen, so hätte der Schäferhund ihn mit ziemlicher Wahrscheinlichkeit ordentlich zurechtgewiesen, um ihn von seinem Territorium zu vertreiben. Ich atmete tief durch, und mit zitternden Knien liefen wir weiter. Als wir an dem Schäferhund vorbeikamen, lag dieser inzwischen wieder da, das Spielzeug zwischen seinen Pfoten.

Wenige Minuten, nachdem wir das Hotel passiert hatten, hörte es auf zu regnen. Vor uns über der Straße in Richtung Bachertal hatte sich ein wunderschöner Regenbogen gebildet, den wir fotografierten. Danach gingen wir weiter zum Gasthof Berger. Um ca. 17:00 Uhr waren wir wieder am Auto.

Unsere Wanderzeit betrug mit mehreren unterschiedlich langen Pausen 8 Stunden, der Höhenunterschied 500 m. Der Schwierigkeitsgrad für diese Tour ist im Wanderführer mit "leicht" angegeben.

11) Prettau (1.476 m) – Fuldaer Weg – Hasental Alm (2.145 m) – den gleichen Weg zurück

Es war unser letzter Wandertag in diesem Urlaub. Das Wetter war sonnig und warm. Am übernächsten Tag sollte es heimwärts gehen. Wir fuhren von Sand durch das Ahrntal Richtung Prettau. Kurz vor Prettau befindet sich rechts der Parkplatz, auf dem wir das Auto abstellten.

Der "Fuldaer Weg" ist bis hinauf zur Hasentalalm ein Forst- und Fuhrweg. Schwierigkeitsgrad "leicht". Man folgt dem breiten, serpentinenreichen Fuhrweg immer bergan durch den Wald. Erst kurz vor der Hasentalalm hört die Steigung auf (2.133 m). Der Weg führt dann fast eben durch den hochgelegenen Teil des Hasentales zur Hasentalalm. Bis zu dem Punkt war der Weg auch nicht besonders interessant, abgesehen von der Tatsache, daß er durch einen wunderschönen Wald führt. Die andauernden Serpentinen fangen schon nach der Hälfte der Strecke an sich zu ziehen. Kurz bevor wir den hochgelegenen Teil des Hasentales erreichten, war ich schon so weit, daß ich androhte, wenn auch nur noch eine weitere Biegung kommen würde, umzukehren.

Am Anfang dieses Höhentales angekommen, entschädigt der Blick in dieses romantische und ursprüngliche Tal für alle Anstrengungen. Links und rechts eingeschlossen von steilen Berghängen verläuft der Fuhrweg immer parallel zum Hasentalbach. Das Höhental wirkt wild romantisch und ist sehr ursprünglich. Obwohl die Wanderung von der Strecke her leicht zu bewältigen ist, trafen wir nur sehr wenige Wanderer auf dieser Tour. Als wir gerade die Wanderstrecke mit Steigungen hinter uns gelassen und die Waldgrenze erreicht hatten, fing es an zu regnen. Wir zogen unsere Regencapes an und wanderten dann weiter. Schon ziemlich am Anfang dieses Höhentales wird die Hasentalalm in einiger Entfernung sichtbar. Da der Regen heftiger wurde, beschleunigten wir unsere Schritte etwas.

Die Hasentalalm ist normalerweise bewirtschaftet, ein Bergbauer lebt offensichtlich die Sommermonate über mit seinem Vieh hier oben. Nach ca. 2 Stunden Wanderzeit auf dem Fuhrweg hatten wir die Hasentalalm erreicht. Drei zusammengekauerte Almhütten lagen vor uns. Zum Talschluß in südlicher Richtung der Ausblick auf die Durreck Gruppe im Nebel. Da es inzwischen in Strömen goß und Nebel aufgezogen war, klopften wir an die Hüttentür. Die Tür war angelehnt, aber in der Hütte herrschte Totenstille. Also traten wir nach mehrmaligem Rufen ein.

Der erste Raum, in den man bei dem Hauptgebäude der Almhäuschen kam, war eine Art Abstellraum. Alles war sehr verwahrlost, aber offenbar bis vor kurzem, oder vielleicht sogar noch, bewohnt. In der linken Ecke dieses Raumes befand sich eine Feuerstelle. Arbeitsutensilien wie Sense, Schaufeln, Mistgabel und ähnliche Gegenstände lagen und standen herum. Von der Decke hingen auch einige Werkzeuge. An den Wänden befanden sich Kochlöffel und eine Leiter. Geradeaus war eine zweiteilige Türe. Der untere Teil war geschlossen, der obere ließ den Blick in einen Stall zu. Der Raum war mit Heu ausgelegt, ein dreibeiniger Schemel stand einsam mitten im Stall. Rechts schloß sich noch einer kleiner Raum an, darin stand eine Schubkarre.

Auf der linken Seite des Raumes, in dem wir standen, befand sich noch eine Tür, die ebenfalls angelehnt war. Sie führte offensichtlich in die "gute Stube". Leises Gemurmel wurde hinter der Türe hörbar. Wir dachten, es handele sich vielleicht um den Bergbauern. Ganz geheuer war uns eigentlich nicht beim Eintreten in die Stube. Aber in dem Abstellraum wollten wir auch nicht bleiben. Mein Mann ging voraus in die Stube. Dort saß ein Ehepaar, das auch vor dem Regen Schutz gesucht hatte.

Als das Ehepaar uns sah, fiel ihnen offensichtlich auch ein Stein vom Herzen. Es muß sich bei der Wahrnehmung unserer Stimmen wohl ebenso mulmig gefühlt haben, wie wir. Irgendwie fühlten wir uns alle vier als Eindringlinge. Bei dem verwahrlosten Zustand der Räumlichkeiten konnte man sich kaum vorstellen, daß diese Almhütte bewirtschaftet sein soll. In der Stube sah es mehr als ursprünglich aus. Keine andere Almhütte hat mir bisher so gut vermitteln können, was es wohl heißt, mehrere Monate des Jahres hier oben am "Ende der Welt" nur mit einigen Kühen oder Schafen als Gesprächspartner, zu leben. Dazu gehört schon ein besonderer Menschenschlag.

Hier oben verzichten die Bergbauern in der Regel nicht nur auf Dinge, die auch wir als Luxus bezeichnen würden. Vielmehr müssen sie wirklich auf vieles verzichten, was wir als Lebensnotwendigkeit betrachten. So spärlich solch ein Leben sein mag, ich bewundere, daß es überhaupt noch Menschen gibt, die so leben können. Und das in einer Zeit, in der man sich schließlich auch im kleinsten Bergdorf darüber im klaren ist, wie der Rest der Welt lebt.

In der " Stube" befand sich rechts ein großer Steinofen, um diesen Ofen herum eine hölzerne Sitzbank. Hier saß das deutsche Ehepaar. Wir hatten eine nette Unterhaltung und sahen uns währenddessen die Stube genau an. Um den Steinofen herum befand sich ein hölzernes Gerüst. Auf diesem Holzgestell war über dem Ofen die Schlafstätte. Auf der Schlafstätte lag nur eine alte, dreckige Decke. Als Kopfstütze diente nicht etwa ein bequemes Kissen, sondern ein größerer Holzkeil.

Im Raum standen mehrere Bänke, ein kleiner Schemel und ein einzelner Tisch. Auf ihm waren Namen und Daten eingeritzt, wahrscheinlich von Besuchern. Die Kanten des Tisches waren, wie man deutlich erkennen konnte, rundherum mit einem Blumenmotiv beschnitzt, das aber noch nicht fertiggestellt zu sein schien. Wahrscheinlich hatte der Bewohner der Hütte es in der Langeweile dieser Einöde selbst geschnitzt. Auf dem Tisch stand ein verstaubter Blechteller, und in der einzigen Schublade im Tisch lag Blechbesteck, 1 Messer und 1 Gabel. Eines der Fenster im Raum war zerbrochen, und im Raum befanden sich überall Vogelfedern. Auf der Tischoberfläche lag Vogelkot. An der Wand mit dem kaputten Fenster hatte jemand liebevoll zwischen Zweigen einen Enzian, ein Vogelnest und einen Rosenkranz aufgehängt.

Während wir uns mit dem Ehepaar über die Wanderung unterhielten, verzehrten wir einen Teil von unserem Proviant. Es dauerte eine ganze Zeit, bis es endlich aufhörte zu regnen. Der nachlassende Regen brachte jedoch am Talschluß und in den Talseiten dichten Nebel mit sich. Wir hatten ursprünglich vor, bis zum Talschluß und dann auf schmalem Pfad bis zur "Weißen Wand" zu wandern. An der "Weißen Wand" kann man noch über einen Grat auf die andere Seite des Gebirgszuges und von dort wieder ins Knuttental hinunter wandern. Die Strecke über den Grat wollten wir allerdings wegen "Charly" und auch wegen der Wetterverhältnisse nicht mehr zurücklegen. Selbst der Weg bis hin zur "Weißen Wand" sah bei diesem Wetter nicht sehr lohnenswert aus.

Vor der Hasentalalmhütte genossen wir den Rundblick und das Rauschen des vorbeifließenden Baches. Danach ging es auf gleichem Weg wieder talwärts. Bevor wir losgingen, packte mich doch die Neugier, wie denn wohl die anderen kleinen Hütten von innen aussähen. Insgesamt besteht die Hasentalalm aus drei Gebäuden.

Den Innenraum einer etwas ansprechenderen Hütte sah ich mir durchs Fenster an. Diese Hütte war sauberer als die, in der wir uns aufgehalten hatten. Sie war aber ebenfalls spärlich eingerichtet, mit hölzerner Schlafstätte, altem gußeisernen Herd und Tisch. An der einen Wand hing auf einem Haken eine Wetterjacke. Aus einer anderen gegenüberliegenden Hütte war eine Kuhglocke zu hören. Es war schon etwas geisterhaft. Ein Hufeisen hing außen über der Stalltüre.

Als wir wieder losgingen, war es bereits 14:30 Uhr. Nun hätte die Zeit auch gar nicht mehr gereicht, um bis zur "Weißen Wand" und zurück ins Tal zu kommen. Wir gingen noch einige hundert Meter in südlicher Richtung zum Talschluß, kehrten dann aber endgültig um.

Wir pflückten auf dem Rückweg einen wunderschönen Strauß aus verschiedenen trockenen Gräsern. Gegen 16:00 Uhr waren wir wieder am Parkplatz. Und wie sollte es auch anders sein, es war strahlender Sonnenschein, sogenanntes "Riesenferner Wetter".

Die Wanderung hatte inklusive der witterungsbedingten "Zwangspause" 7 Stunden gedauert, reine Wanderzeit nur ca. 4 Stunden.

Am Ende jedes Wanderurlaubes merken wir dann auch, daß "die Luft endgültig raus ist". Die Kondition läßt nach den vielen Wanderungen zum Ende des Urlaubes sehr nach. In diesem Bergwanderurlaub in Sand in Taufers war es uns von 20 Urlaubstagen an 16 Tagen möglich, Wanderungen zu unternehmen, davon 11 Höhentouren.

Wandervorschläge für kurze Wanderungen an Pausentagen

1) Sand i.T. – Reinbach/Wasserfälle

Um 10:30 Uhr brachen wir zu Fuß von unserer Unterkunft auf. Auf dem Weg 2 A gehen wir durch den Ortsteil St. Moritzen, und später auf dem Weg 2 südöstlich zum Weiler Winkel im Tauferer Boden. Wir überqueren den Reinbach sowie eine kleine Kreuzung und gehen taleinwärts auf dem Weg 2 weiter.

Erst führt der Fuhrweg fast eben bis in den Wald. Dann wird der Weg schließlich beim Aufstieg zu den Wasserfällen zu einem schmalen von Wurzeln durchwucherten Pfad.

Die Reinbachwasserfälle sind drei übereinander liegende Wasserfälle. Teilweise muß man auf dem Weg über schlüpfrige Stufen aufwärts. Bei Regen ist die Strecke, wie wir selbst feststellen mußten, äußerst unangenehm zu gehen. Entlang den Wasserfällen ist der Weg zwar teilweise durch Geländer gesichert, aber er ist sehr rutschig. Die Wasserfälle nutzten wir für eine Fotopause.

Der Wanderpfad entlang den Wasserfällen verläuft parallel zu der Serpentinenstraße, die nach Rein i.T. führt. Der erste Wasserfall ist 10 m hoch, der dritte Wasserfall stürzt sogar 40 m in die Tiefe. Zwischen dem ersten und dem zweiten Wasserfall muß man den Reinbach über eine schmale und wackelige Brücke überqueren.

Da es begann, "wie aus Eimern" zu regnen, entschlossen wir uns, nicht mehr bis zu dem dritten Wasserfall weiterzugehen. Möchte man seine Brotzeit nicht im Freien an einem der Wasserfälle einnehmen, so ist eine Einkehr im Toblhof möglich, der direkt an der Serpentinenstraße liegt.

Den Rückweg traten wir auf gleichem Weg an. Unsere Gesamtwanderzeit betrug 4^1/$_2$ Stunden, der Höhenunterschied 250 m, der Schwierigkeitsgrad ist im Wanderführer mit "leicht" angegeben.

2) Rein i.T. (1.595 m) – Knuttental – Knuttenalm (1.911 m) – gleichen Weg zurück

Man fährt von Sand i.T. zu dem auf 1.595 m gelegenen Ort Rein i.T. Bei den letzten Höfen des Ortes in nordöstlicher Richtung ist auch der letzte Parkplatz. Wir gehen durch ein Viehgatter auf dem Weg 1B/9 (Fuhrweg) durch das Knuttental mäßig steil in nordöstlicher Richtung zur Knuttenalm. Der Fuhrweg bietet wunderschöne Ausblicke auf die umliegenden Berge und verläuft bis zur Knuttenalm immer parallel zum Reinbach. Dieser Wegabschnitt von Rein zur Knuttenalm ist Teil der Wanderung zum Klammlsee/Arventalalm und wurde in der Höhenwanderung Nr. 3 beschrieben. Gesamtwanderzeit beträgt, mit einer ^{1}/$_2$ stündigen Rast an der Knuttenalmhütte, ca. 3^1/$_2$ Stunden.

3) Umwanderung des Nevesstausees (1.856 m)

Die (Teil-) Umwanderung des Nevesstausees bietet die Möglichkeit, die Bergwelt zu erleben, ohne einen Höhenunterschied bewältigen zu müssen. Man parkt das Auto auf dem großen Parkplatz am Ostufer des Sees und geht dann am Ostufer entlang bis kurz hinter die Untere Nevesalm. Hier überquert man das Bett des Ursprungsbaches und wandert dann am Westufer des Sees entlang bis zur Staumauer. Das Betreten der Staumauer ist verboten, deshalb kann der See nicht komplett umwandert werden. Vorteil bei diesem Weg ist, daß Sie ein Höhenerlebnis haben, aber nur 4 m Höhenunterschied auf der gesamten Strecke zu bewältigen sind. Wanderzeit bei gemütlichem Gehen ca. 2$^1/_2$ Stunden. Brotzeit entweder auf einer der Almwiesen am See oder Einkehr in der Enzianhütte am Ostufer des Sees.

4) Lappach (1.436 m) – Nevesstausee (1.856 m) – den gleichen Weg zurück

Diese Wanderung wird unter Nr. 5 bei den Höhenwanderungen im Detail geschildert. Wegen der kurzen Wanderzeit gehört diese Wanderung allerdings auch zu den Vorschlägen für Wanderungen an Pausentagen.

5) Sand i.T. – Pojer Wasserfälle – gleicher Weg zurück

Diese Wanderung führt Sie auf ebenem Weg durch das Ahrntal, wobei der Wanderweg bis Luttach auch immer parallel zur Ahrn verläuft. Parkmöglichkeiten bestehen auf dem Parkplatz an der Ahrnbrücke unterhalb vom Schloß Taufers.

Wir überqueren die Ahrn an dieser Stelle und gehen dann auf einem breiten Waldweg am Westufer der Ahrn in Richtung Norden. Nach ungefähr 20 Minuten erreichen wir die Talstation der Speikbodenbahn. An dieser Stelle überqueren wir die Hauptstraße und gehen dann ca. 100 m zurück talauswärts bis zu einer Brücke. Hier biegt man links in einen breiten Waldweg ein. Nach kurzer Wanderzeit sehen wir rechts den Wegweiser zu den Pojerfällen.

Nun schlängelt sich der von Wurzeln durchzogene Pfad durch den Wald bergan. Bald befindet man sich dann an den 80 m hohen Pojerwasserfällen. Der Höhenunterschied von dem breiten Waldweg hinauf zum Wasserfall beträgt 100 m, die Gesamtwanderzeit von Sand einschließlich Rückweg ca. $3^1/_2$ Stunden. Wenn Sie nach Besichtigung des Wasserfalles noch Lust haben, so bietet sich auch die Möglichkeit, den breiten Waldweg am Ufer der Ahrn entlang bis zu dem Ort Luttach zu gehen. Dies würde die Gesamtwanderzeit um ca. 1 Stunde verlängern.

Natürlich gibt es in dieser Region noch etliche andere hochalpine wie auch flache Wanderrouten. Mein Anliegen ist es jedoch, Ihnen nur die Wanderungen zu schildern, die wir mit "Charly" unternommen haben.

Tagestouren mit dem Auto

Sehenswürdigkeiten für Schlechtwettertage

An den Tagen, an denen das Wetter Wanderungen nicht zuließ, unternahmen wir einige Touren mit dem Auto in völlig andere Regionen. Hinsichtlich der Einkaufsmöglichkeiten in den Orten bedenken Sie bitte, daß die Geschäfte in der Mittagszeit geschlossen sind.

1) Tagesfahrt nach Bozen und Brixen

Die Altstädte sind sehr hübsch. Die Besichtigung dieser Städte mit ihren Sehenswürdigkeiten sind an Schlechtwettertagen eine willkommene Abwechslung.

2) Tagesfahrt über Bozen nach Meran

Meran ist eine gepflegte, größere Stadt, mit einer sehr schönen Altstadt. Von Meran aus kann man noch in die oberhalb gelegenen Orte Schenna oder aber über eine etwas abenteuerliche Straße hinauf nach Hafling fahren. Meran, Bozen und Brixen haben neben ihren hübschen Altstädten und Fußgängerzonen mit vielen exklusiven Geschäften auch viele hübsche Straßencafés und Restaurants zu bieten. Kulturell interessierte

Besucher dieser Orte kommen bei Besichtigungen der Museen, Kathedralen und Kirchen auf ihre Kosten.

3) Tagesausflug zum Pragser Wildsee und nach Cortina d'Ampezzo

Der Pragser Wildsee kann ganz umwandert werden. Dieser romantische Bergsee liegt an den Ausläufern der Dolomiten. Ein Hotel und Restaurant lädt bei diesem Ausblick zu einem gemütlichen Essen ein. Vom Pragser Wildsee fährt man durch die Dolomiten nach Cortina d'Ampezzo. Die durch den Sonneneinfall entstehenden Farbnuancen der Dolomiten sind ein besonderes Erlebnis. Cortina d'Ampezzo ist ein vielbesuchter Wintersportort mit internationalem Flair.

Die Rückfahrt ist zu empfehlen über den Cimabanche Paß (1.529 m). Dort aßen wir in einem Restaurant im Blockhausstil zu Mittag. Der Hund war gern gesehen. Auf der Weiterfahrt bietet sich die Möglichkeit zu einem Abstecher an den Misurinasee. Dieser Bergsee ist größer und kann ebenfalls komplett umwandert werden.

4) Tagesfahrt ins Antholzer Tal und zum Staller Sattel

Bei strahlendem Sonnenschein fuhren wir an einem Pausentag Richtung Brunneck und ins Antholzer Tal. Wir parkten das Auto am Antholzer See und umwanderten auf ebener Strecke den hübschen Bergsee.

Wie bei allen erwähnten Bergseen, kann der Hund an einigen Stellen ohne Schwierigkeiten ins Wasser, und das stört hier auch niemanden. Nach der Umwanderung setzten wir uns zum Kaffeetrinken in den Biergarten der Enzianhütte. Ein hübsches und auch von innen sehr gemütliches Restaurant/Café. Der Hund war hier willkommen.

Von der Enzianhütte aus fuhren wir hinauf auf den Staller Sattel. Die Straße auf den Staller Sattel ist eine einspurige Serpentinenstraße. Der Aussichtspunkt auf dem Staller Sattel (Grenzstation Österreich-Italien) liegt auf 2.052 m Höhe. Es bietet sich in die eine Richtung der Blick auf das gesamte Antholzer Tal, den Antholzer See und die umliegenden Berge. In die entgegengesetzte Richtung schaut man auf die Osttiroler

Berge in Österreich. Diese Grenzstation ist ein stark frequentiertes Ausflugsziel.

An dem Lokal Enzianhütte hatten wir noch ein Erlebnis, das sehr gut deutlich macht, wie sehr man darauf achten muß, bei einem Bergwanderurlaub das gesunde Maß der Anforderungen an den Körper nicht zu überschreiten.

Als wir in dem Biergarten saßen und unseren Kaffee tranken, setzte sich ein deutsches Ehepaar an einen Nachbartisch. Es war offensichtlich von einer Wanderung eingekehrt. Während wir unseren Kaffee tranken und uns unterhielten, sahen wir, wie die Frau plötzlich ohne Vorwarnung auf der Sitzbank umfiel. Der Ehemann saß hilflos da. Ein italienisches Ehepaar und wir schritten sofort zur Hilfe. Die Frau saß innerhalb weniger Minuten wieder aufrecht, war aber sehr benommen. Die Kellnerin hatte zwischenzeitlich einen kalten Wickel gebracht, mit dem Stirn und Nacken gekühlt werden konnten. Wir boten dem Ehepaar an, direkt zum Arzt oder ihrer Unterkunft zu fahren. Sie wohnten nicht weit entfernt auf einem Campingplatz.

Nachdem die Frau sich noch einige Minuten mit dem kalten Wickel auf der Sitzbank liegend ausgeruht hatte, fuhren wir dann los. Nach kurzer Fahrtzeit mußte sich die Frau im Auto übergeben. Ich empfahl dem Mann, möglichst schnell einen Arzt aufzusuchen.

Wie sich im Gespräch herausstellte, waren die beiden erst am Vortag angekommen. Ohne dem Körper eine Chance zu geben, sich an die klimatischen Verhältnisse zu gewöhnen, waren sie heute an ihrem ersten Urlaubstag bei warmen Wetter schon mehrere Stunden gewandert. Als die beiden an ihrem Campingplatz aus dem Auto ausstiegen, taten sie mir so leid. Ich wünschte, ich hätte mehr tun können, um zu helfen.

Kapitel 3

Höhenwanderungen Ortlerregion / Stilfser Joch Nationalpark, Urlaubsort: Sulden (1.907 m)

Wanderurlaub 1.9.–16.9.94 (Zum Zeitpunkt dieses Wanderurlaubes war "Charly" 20 Monate alt).

1) Sulden Gletscherbahn / Talstation (1.907 m) – Schaubachhütte (2.581 m) – Madritschhütte (2.816 m) – gleicher Weg zurück

Bei fast allen Wanderungen in Sulden hat man die Möglichkeit, die Wanderzeit durch Nutzung von Sesselliften und Gondelseilbahnen abzukürzen. Wir haben davon jedoch abgesehen, da der Sinn eines hochalpinen Bergwanderurlaubes für uns nicht zuletzt darin besteht, sich selbst zu fordern. Bei dieser geschilderten Wanderung können Sie durch Nutzung der Gletscherbahn Sulden insgesamt 3 Stunden des Weges und viele Mühen sparen.

Morgens, um 9:30 Uhr, parkten wir auf dem Parkplatz der Gletscherbahn Sulden/Talstation. In östlicher Richtung beginnt am Wald der Weg Nr. 1. Zuerst führt er durch den Wald, immer parallel zur Gletscherbahn. Anfangs ist der Weg fast eben, dann verläuft der Pfad in Serpentinen einen Hang bergan und führt schließlich auf dem breiten Fuhrweg zur Mittelstation und weiter bergan zur Bergstation der Gondelbahn.

Der breite und ebene Fahrweg ist verhältnismäßig unangenehm zu gehen, da er streckenweise sehr steil wird und sich die Serpentinen endlos zu ziehen scheinen. Rechts hat man den Ausblick ins Tal und auf die gegenüberliegenden Berge, links Felshänge und Geröll. Teilweise wandert man auf dem Fuhrweg auch direkt unter der Gletscherbahn entlang. Bis zu diesem Bergwanderurlaub hatte "Charly" noch nie unter einer Seilbahn entlang laufen müssen. Jedes Mal, wenn eine Gondel über unseren Köpfen hinweg fuhr, schreckte der Hund zusammen und lief sekundenlang mit eingezogenem Schwanz weiter. Wenn die Gondeln kommen, verursachen sie ein surrendes Geräusch und werfen natürlich auch Schatten. Der Hund sah immer wieder entsetzt nach oben.

Charly oberhalb der Mittelstation der Gletscherbahn Sulden/Ortlergebirgszug

An der Mittelstation der Gletscherbahn zweigt rechts der Weg Nr. 2 ab, der zur Hintergrathütte führt. Wir machten an der Mittelstation eine kurze Fotopause. Der Blick ins Suldental und auf den Ort Sulden bietet sich in nördlicher Richtung. In südlicher Richtung schaut man auf die Gletscher und Bergspitzen. Deutlich kann man auch den Weg Nr. 2 sehen, der sich an der gegenüberliegenden Seite des Höhentales aufwärts windet. An der Mittelstation bot sich aber noch ein anderes interessantes Objekt für ein Foto. 1985 hat der Bergsteiger Reinhold Messner aus Tibet die "Yaks" hierher eingeführt. Die Tiere wurden hier in der Natur wieder freigelassen und haben sich offenbar gut eingewöhnt. Seit einigen Jahren stellt man fest, daß sie sich hier auch vermehren. In den Wintermonaten, so wurde uns erzählt, kämen die Tiere bis in den Ort. Diese tibetanischen Rinder sehen ganz anders aus, wie unsere deutschen Rinder. Die "Yaks" lagen nicht direkt am Fuhrweg, sondern am Bachverlauf neben der Mittelstation. Man sollte die scheuen Tiere auf keinen Fall zu sehr bedrängen, aus sicherer Entfernung lassen sich auch schöne Fotos machen.

Nach der Fotopause ging es wieder auf dem Fuhrweg steil und nun auch serpentinenreich bergan. Der Fuhrweg endet an der Südseite der Schaubachhütte (2.581 m). Hier nahmen wir auf der Holzterrasse an einem der Tische Platz und holten uns aus der Hütte noch eine Kleinigkeit zu essen. Der Blick, der sich von dieser Terrasse bietet, ist wirklich überwältigend. Ganz rechts, in nordwestlicher Richtung, sieht man auf den alles beherrschenden Ortler (3.906 m), links davon in westlicher Richtung den Monte Zebru (3.740 m). Die dritte Spitze, in südwestlicher Richtung, ist die Königsspitze (3.860 m). Diese drei Berge werden auch als "Dreigestirn" bezeichnet.

Blick von der Schaubachhütte auf das Dreigestirn: Königsspitze, Monte Zebru und Ortler

Schaut man von der Terrasse der Schaubachhütte in die südliche Richtung, so sieht man die Sulden Spitze (3.378 m) und den Gletscherweg zur Casatihütte (3.254 m). In südöstlicher Richtung befindet sich die Eisseespitze (3.230 m), die Butzen Spitze (3.302 m) und die Madritsch Spitze (3.265 m). Eine so große Anzahl von Bergen mit einer Höhe von über 3.000 m aus solcher Nähe zu sehen, bietet sich nicht allzu häufig. Wir hatten bis zu diesem Zeitpunkt auch noch Glück mit dem Wetter. Kein Wölkchen war am Himmel. Auch die schneebeladenen Gletscher wirken sehr imposant und schimmerten im Sonnenlicht.

Von der Talstation der Gletscherbahn bis zur Schaubachhütte hatten wir 1^1/$_2$ Stunden benötigt. Im Wanderführer ist eine Zeit von 2 Stunden angegeben. Der Weg ist zwar anstrengend, vom Schwierigkeitsgrad her aber durchaus leicht. Wir hatten uns auf der Hütte mit Dauerwürsten und Milch verpflegt. Nach einer Rast von ca. ^{3}/$_4$ Stunde ging es dann weiter. Wir wanderten von der Schaubachhütte in östlicher Richtung weiter zur Madritschhütte (2.820 m). Dabei hat man zwei Möglichkeiten: entweder bleibt man auf dem Fuhrweg und läuft an den Skipisten und Liften vorbei, oder man geht zumindest einen Teil des Weges auf einem links vom Fuhrweg verlaufenden Pfad über Hügel und durch Almwiesen. Zuerst geht man von der Schaubachhütte zur Bergstation der Gletscherbahn. Hier befindet sich auch ein großes, modernes Eßlokal (Hunde erlaubt, aber keine Berghüttenatmosphäre).

Von der Bergstation aus kann man dann auf den Trampelpfad direkt links einen kleinen Hang hoch oder geradeaus auf dem breiten Fuhrweg Nr. 151 wandern (östl. Richtung). Der Trampelpfad hat den Vorteil, daß er teilweise den Ausblick ins Suldental bietet, durch Wiesen, über Hügel und streckenweise an einem Bach entlang führt. Der Pfad ist markiert. Bedingt dadurch, daß er nicht durchgehend ansteigt, ist dieser Pfad etwas besser begehbar. Der Fuhrweg ist wesentlich unangenehmer. Er ist von der Bergstation an gleichbleibend steil. Der Ausblick vom Fuhrweg bietet sich auf umliegende Berge, aber auch auf die nicht besonders schönen Skipisten. Im Sommer sehen die Skipisten eher aus wie "Katastrophengebiete". Wir wählten auf der heutigen Tour den Fuhrweg. Einige Male gingen wir von dem Weg rechts ab auf die Skipisten und entdeckten dabei einmal ein bereits teilweise verwestes Lamm.

Im Winter ist die Madritschhütte eine gut besuchte Skihütte. Von den neueren Berghütten ist die Madritschhütte mit Sicherheit eine der Schönsten. Die Hütte ist sehr groß, mit einer riesenhaften Sonnenterrasse, sehr modern aber trotzdem geschmackvoll und rustikal hergerichtet. Was ich allerdings auf manchen Berghütten bemängele, sind Buffets, an denen man sich zwecks Bedienung einreihen muß, wie in einem Schnellimbiß. Diese Buffettheken nehmen den Hütten den typischen Charakter und vermitteln eher die Atmosphäre einer Schnellgaststätte, anstatt einer Berghütte. Bedingt durch die vielen Seilbahntouristen, Skiläufer, Bergsteiger und Bergwanderer, läßt sich der Ansturm auf den Hütten aber wahrscheinlich nicht mehr anders bewältigen.

Die Sonnenterrasse der Madritschhütte bietet einen Ausblick, den man in Gold kaum aufwiegen könnte. Alle vorher genannten Berge sind aus einer anderen Perspektive sichtbar. Der Anblick, vor allem bei klarer Sicht, möchte uns am liebsten hier anwachsen lassen. Auf dieser Hütte gab es ebenfalls keine Probleme mit dem Hund. Auf der Terrasse saßen noch zwei Familien mit Hunden, die Hunde waren sich aber alle gut gesonnen. Auch auf den Hütten lassen wir "Charly" möglichst ohne Leine, solange wir uns im Freien aufhalten. Wir nahmen etwas Proviant zu uns und holten uns Getränke.

Um ca. 13:50 Uhr ging es von der Madritschhütte weiter in östlicher Richtung zum Madritschjoch. Das Madritschjoch liegt auf 3.150 m Höhe. Als wir losgingen, zog bereits rundum Nebel an den Berghängen auf. Der Himmel bewölkte sich, und es wurde empfindlich kühl. Aus der Ferne hörte man des öfteren Grollen und Rumoren wie Donner, vielleicht war es aber auch ein kleinerer Lawinenabgang an einem der umliegenden Gletscher.

Wir entschlossen uns umzukehren und wanderten auf dem gleichen Weg talwärts. Auf dem Rückweg legten wir nochmals eine kurze Rast an der Schaubachhütte ein. An der Mittelstation stießen wir wieder auf die "Yaks". Diesmal lagen die Tiere allerdings überall am Rand des Weges und sogar auf dem Weg. Da wir nicht abschätzen konnten, wie sie aus solcher Nähe auf den Hund reagieren würden, machten wir uns Gedanken darüber, wie wir "Charly" am besten an den Tieren vorbei manövrieren könnten.

Vor uns lag ein Stück des Weges, auf dem man den Bach überquert. Auf der anderen Seite des Baches lagen ungefähr 5 "Yaks" direkt am und auf dem Weg. Aus dem Blickwinkel sah ich, daß ein Ehepaar auf der anderen Seite des Baches auf dem Weg stand und abwartete, was wir wohl jetzt mit dem Hund machen würden. Der Bach war sehr kalt und an dieser Stelle ca. 2 - 3 Meter breit, nicht sehr tief, aber mit Strömungen. Allein, ohne daß einer von uns am anderen Ufer stünde, würde "Charly" wahrscheinlich den Bach nicht ganz durchschwimmen, sondern wieder zu uns zurückkommen. Ich überquerte den Bach auf dem Fuhrweg, vorbei an den "Yaks" und lief dann einige Meter weiter talwärts am Bach entlang. Mein Mann lief mit "Charly" auf der anderen Seite des Baches entlang, bis er mit dem Hund auf meiner Höhe war. Dann rief ich den Hund zu mir. Er schwamm zügig durch den Bach und war damit in sicherer Entfernung von den Yaks wieder auf dem Weg. Das Ehepaar hatte den ganzen Vorgang schmunzelnd beobachtet.

Um 17:00 Uhr waren wir dann wieder auf dem Parkplatz der Gletscherbahn/Talstation. Als wir am Kofferraum standen und unsere Wanderschuhe auszogen, fing der Hund plötzlich heftig an zu bellen. Sein Blick war nach oben gerichtet. Was ihn irritierte war nicht etwa die Gondel, an die hatte er sich anscheinend schon gewöhnt. Er hatte Paraglider entdeckt. An einem naheliegenden Bach kühlten wir uns dann noch ein paar Minuten die Füße, bevor wir zur Unterkunft zurückfuhren. Auf den Hütten hatten wir uns natürlich wieder mit dem Hüttenstempel versehene Karten und soweit möglich auch Hutnadeln besorgt.

Auf der kurzen Fahrt zurück zu unserer Unterkunft herrschte wieder strahlender Sonnenschein. Der Höhenunterschied bei dieser Wanderung betrug ca. 910 m, Gesamtwanderzeit 7$^1/_2$ Stunden, Schwierigkeitsgrad laut Wanderführer "leicht".

"Zuhause" angekommen, lernten wir die Bewohner der Ferienwohnung unter uns kennen. Ein deutsches Paar aus Rüdesheim mit einer Schäferhündin. "Panja" und "Charly" verstanden sich von Anfang an gut, und wir trafen "Panja" in unserem Urlaub des öfteren.

2) Sulden Ortsteil St. Gertraud (Haus der Berge, ca. 1.900 m) Tabarettahütte (2.550 m) – Payer Hütte (3.029 m) – gleicher Weg zurück:

Hinter dem "Haus der Berge" in Sulden/St. Gertraud beginnt der Wanderweg Nr. 4 in Richtung Tabarettahütte. Hier ist der Ausgangspunkt für unsere Wanderung zur Payer Hütte, die wir um 9:30 Uhr antraten. Einige Wanderer hatten uns am Vortag von dieser Tour mit Hund abgeraten. Wir waren bei Beginn der Wanderung absolut nicht sicher, ob wir überhapt weiter als zur Tabarettahütte kommen würden. Der anfangs serpentinenreiche, aber nur mäßig steile Weg, führt in nordwestlicher Richtung durch den Wald bergan bis zur Waldgrenze (2.145 m, ca. 45 Minuten Wanderzeit). Wie fast alle Waldwanderpfade ist der Weg gut markiert und nicht sehr schmal. Vorsicht allerdings ist bei Nebel oder Regen geboten, da der Weg überall von Baumwurzeln durchzogen ist und deshalb sehr rutschig werden kann.

Wo der Wald endet, verläuft der schmale Pfad in ansteigender Querung der Geröllmoränen des Marltferners. Der Weg ist nicht schwierig, aber abenteuerlich. Bei der Überquerung des Marltferners empfiehlt es sich, keine vermeintlichen Abkürzungen zu wählen. Nur auf dem markierten Weg kommt man einfach und sicher durch das Geröll vorwärts. Die Tabarettahütte liegt im Angesicht der gewaltigen und sehr schwierig zu besteigenden Nordostwand des Ortlers. Als wir unterhalb dieser Wand entlang wanderten, entdeckten wir eine Gruppe weit oben beim Aufstieg. An dieser Stelle ist an Felsen auf der Schuttmoräne eine Gedenkstätte mit Gedenktafeln für Bergsteiger angebracht, die den Versuch der Besteigung des Ortlers über diese Wand nicht überlebt haben. Wir nahmen uns die Zeit, die Gedenktafeln zu lesen. Dabei beschleicht einen schon ein unheimliches Gefühl.

Während der Wanderung über die Moränen des Marltferners befindet man sich ständig unter den drohend wirkenden Eiswülsten des Oberen Ortlerferners. Am 29. Januar 1960 stürzten hier rund 500000 Kubikmeter Eis und Schnee aus der Nordwand über die Marltmoränen hinab bis zur Suldener Talstraße. Seitdem gibt es eine zweite Straße, die lawinensicher gebaut rechts vom Suldenbach verläuft. Die Tabarettahütte ist schon bei der Überquerung des Marltferners sichtbar. Nach der Überquerung dieses Ferners führt der Weg steil und serpentinenreich einen Wiesenhang in nordwestlicher Richtung bergan.

Links und rechts vom Weg weiden an diesem Hang freilaufende Schafe. Der Weg ist steinig und man hat jetzt eines der steilsten Stücke auf dem Weg zur Tabarettahütte vor sich. Die Überquerung des Marltferners nimmt ca. 1 Stunde in Anspruch, das kurze letzte Stück diesen Wiesenhang hinauf nochmal ca. $^1/_2$ Stunde. Gesamtwanderzeit zur Tabarettahütte ca. $2^1/_2$ Stunden.

Von der Tabarettahütte und der in südöstlicher Richtung gelegenen Sonnenterrasse bietet sich, ebenso wie von dem dann folgenden Streckenabschnitt bis zum Bärenjoch/Bärenkopfscharte, ein wunderbarer Ausblick auf das Suldental mit Suldenbach sowie auch die gegenüberliegenden Gebirgshänge. Man sieht die Kälberalm/Stieralm, das Vordere Schöneck (2.908 m) und das Hintere Schöneck (3.128 m). Wir machten an der gemütlichen Tabarettahütte (2.550 m) ca. 45 Minuten Pause und wanderten um 11:45 Uhr weiter.

In nordwestlicher Richtung ging es auf der Rückseite der Hütte wieder auf dem Weg Nr. 4 über Geröllmoränen auf sehr schmalem, steinigen Pfad an der Felswand entlang. Der Weg ist anfangs fast eben, am Ende der Moränen beim Aufstieg zur Bärenkopfscharte/Bärenjoch wird der Weg jedoch sehr steil und serpentinenreich. Vor uns auf dem Aufstieg befand sich ein älteres Ehepaar. Die Frau hatte sich in dem Geröll hingesetzt und meinte, Sie würde nicht mehr weiter können.

Solche Dinge ermutigen nachfolgende "Hobbywanderer" zwar nicht gerade, aber ich konnte sehr gut nachempfinden, wie der Frau zumute war. Wir stiegen weiter auf. Die Bärenkopfscharte/Bärenjoch liegt auf 2.871 m, und weiter folgt man dem schmalen, schwindelerregenden Pfad zur Tabarettascharte (2.903 m, kleiner Felsturm). Dann geht es zuerst teilweise auf dem Kamm, und später rechts unterhalb des Kammes weiter in Richtung Payer Hütte. Wir wanderten jetzt auf der anderen Seite des Gebirgskammes, an dem unterhalb die Tabarettahütte liegt, in südlicher Richtung. Der Ausblick nach rechts in das Trafoier Tal und auf das Stilfser Joch mit seinen 48 Kehren.

An der Tabarettascharte bietet sich der Blick in beide Täler, rechts ins Trafoier Tal, links hinunter zur Tabarettahütte und ins Suldental. Ein Teil des Wegabschnittes nach dem Bärenjoch/Bärenkopfscharte ist seilgesichert. Sind Sie nicht absolut schwindelfrei, so sollten Sie sich im Anblick der zügig vorbeiwandernden Bergsteiger, die von der Payer Hütte aus den Ortler besteigen wollen, nicht schämen, die Seilsicherung in Anspruch zu nehmen.

Wanderweg mit Seilsicherung vom Bärenjoch/Bärenkopfscharte zur Payer Hütte

Für den Hund war hier nirgendwo ein unumgehbares Hindernis, und auch der schwindelerregende Ausblick beeindruckte "Charly" überhaupt nicht. Auf diesem Wegstück können Sie allerdings wirklich nur mit einem Hund unterwegs sein, der ohne Zögern an anderen Wanderern vorbeiläuft und der pflegeleicht genug ist, daß Sie sich auf sich selbst konzentrieren können. Ist Ihr Hund nicht absolut zuverlässig und berechenbar, so muten Sie sich und den lieben Mitwanderern aus Sicherheitsgründen den Weg ab der Tabarettahütte bitte nicht zu. Das Wegstück vom Joch zur Payer Hütte enthält keine großartige Steigung mehr, bis kurz vor der Payer Hütte.

Die sprichwörtlich letzten Meter werden noch einmal sehr steil. Hätte mir auch nur ein Jahr vorher irgend jemand gesagt, daß ich diese Strecke jemals gehen würde, so hätte ich bestimmt abgewunken. Allerdings ist das Ziel so lohnenswert, daß alle Anstrengungen schnell vergessen sind. Der Ausblick von dieser Berghütte, die zu der höchstgelegenen in den Alpen zählt, ist unbeschreiblich. Da wir klare Sicht hatten, konnten wir von der Terrasse auf der Ostseite der Hütte den Ausblick genießen. Der Blick reichte ins Suldental, auf alle umliegenden Berge, sowie in nördlicher Richtung bis zum Reschensee. Von der Terrasse auf der Westseite der Hütte bietet sich der Blick auf den gesamten Stilfser Joch Nationalpark sowie auf das Gebiet der angrenzenden Schweiz.

Die Payer Hütte liegt direkt unterhalb des Ortler Normalaufstieges auf 3.029 m Höhe. An der Hütte, zu der nur beschwerliche Wege führen, trifft man deshalb auch weniger auf "Wandertouristen", sondern hauptsächlich auf geübte Bergwanderer und Bergsteiger. Die Atmosphäre ist so, wie ich mir eine typische Berghütte vorstelle. Auch von innen hat die Stube der Hütte eine gemütliche und urige Atmosphäre. Wildes Sprachgewirr, links sitzend eine Gruppe italienischer Bergsteiger, die den Ortler besteigen wollen. Rechts einige Japaner mit Bergführer, dann wieder eine Gruppe Deutsche, die schon das zweite Mal den Ortler besteigen.

Überall auf der Terrasse sind die riesigen Rucksäcke abgestellt, Wanderstöcke, Wanderschuhe und Eispickel stehen herum. Man sieht die Bergsteiger beschäftigt mit den Vorbereitungen. Eine Seilschaft ist durch das Fernglas ganz hoch oben, auf dem riesigen Schneefeld, beim Aufstieg zu sehen. Eine Gruppe Italiener ist gerade vom Ortler Gipfelkreuz zurückgekehrt und unterhält sich begeistert über diesen Erfolg. Eine einzige Frau ist bei dieser italienischen Gruppe. Wettergegerbte Gesichter, braun gebrannt, athletische Körper.

Ich sehe nach 5 Stunden Höhenwanderung nicht mehr unbedingt salonfähig aus. Die Haare und die Kleidung sind durchgeschwitzt. Manche Wanderer sehen auch nach schlimmeren Strapazen noch aus, als seien Sie gerade einem Friseursalon entlaufen. Bei den Hütten, die mit Seilbahnen zu erreichen sind, kann ich das ja nachvollziehen. Da sehen viele Hüttengäste aus, wie "aus dem Ei gepellt". Die sind dann aber offenbar auch gerade erst aus der Seilbahn gestiegen. Aber hier oben empfinde ich es ja fast schon als "unverschämt", nach einer Ortlerbesteigung noch gestylt auszusehen.

Bei Beobachtung der Bergsteiger hier oben kann leiser Neid aufkommen. Bei mir ist es allerdings mehr Bewunderung für eine solche körperliche und psychische Kondition und Selbstbeherrschung. Aber ich bin mir sicher, daß ich mich als Bergsteiger nicht eignen würde. Meine persönlichen Grenzen sind für mich ganz eindeutig beim hochalpinen Bergwandern sichtbar, die Gipfel überlasse ich gerne anderen. Mir genügt das Naturerlebnis und die hochgelegenen Berghütten als Ziel. Von den Gipfeln sind auch nur die wenigsten mit Hund zu erreichen. Und auf unseren "verrückten Köter" würde ich im Urlaub auf gar keinen Fall verzichten wollen. Alles von uns in den letzten Jahre erlebte, wird durch "Charly" doppelt schön.

Wir haben bisher auch auf den schwierigeren Touren nie erlebt, daß wir wegen unserem Hund auf negative Weise von anderen Wanderern angesprochen wurden. Nie hat uns jemand schon auf Entfernung angeblökt: "Machen Sie den Hund fest", im Gegenteil. Wenn wir in kleinen Orten wie Sulden den Urlaub verbracht haben, so waren die Reaktionen unserer Mitmenschen auf "Charly" sehr positiv. Aber eigentlich bestand zu negativer Reaktion bei ihm auch nie Anlaß. In Sulden erlebten wir zum Beispiel nach dem Aufstieg zur Payer Hütte, daß uns auf späteren Wanderungen Wanderer begegneten, die nur meinten: "Ach schau mal, da ist ja der Charly von der Payer Hütte". Tagsüber trug "Charly" beim Wandern ein rotes Halstuch. Abends, wenn wir ihn mit in die Restaurants nahmen, trug er es nicht. Eines abends kam eine Frau an unseren Tisch und meinte: "Wir haben sie heute auf der Wanderung getroffen, hat der Hund sein Halstuch verloren?"

Nach einer Pause von ca. $^1/_2$ Stunde, stiegen wir um 16:30 Uhr auf gleichem Weg wieder ab. Wir legten noch eine ganz kurze Rast an der Tabarettahütte ein, wo der Hund auch gut gelitten war. Dort genossen wir die letzten intensiven Sonnenstrahlen des Tages. Ein zufriedes Gefühl hüllte mich ein. Es ist ein sehr gutes Gefühl, an sich selbst Anforderungen zu stellen und diese auch zu erfüllen. Bei einem Ausblick wie dem von der Payer Hütte denke ich: "Mein Gott, was ist die Welt schön. Wie klein und unwichtig sind eigentlich alle meine Gedanken und Alltagssorgen, und wie allmächtig erscheint diese Bergwelt. All dies hat Millionen von Jahren vor mir existiert und wird noch existieren, wenn es alle heute lebenden Menschen längst nicht mehr gibt". Für Bruchteile von Sekunden ist man endlich einmal in der Lage, sich die Unwichtigkeit des eigenen Daseins vor Augen zu halten. Man kann diese Erlebnisse und diese Gedanken nur schwer in Worte fassen, aber ich würde jedem Menschen das Gefühl gönnen.

Um 18:30 waren wir wieder im Ort. Die letzten paar hundert Meter durch den Ort zur Unterkunft zurück waren sehr beschwerlich. Für die hier geschilderte Tour ist ein erhebliches Maß an Trittsicherheit und Schwindelfreiheit, spätestens ab der Tabarettahütte aufwärts, erforderlich. Schwierigkeitsgrad "mittel". Gute Kondition vorausgesetzt. Die Gesamtwanderzeit mit allen Pausen betrug 9 Stunden, ein Höhenunterschied von insgesamt 1.122 m ist zu bewältigen.

3) Gletscherbahn Sulden/Talstation (1.907 m) – Schaubachhütte (2.581 m) – Madritschhütte (2.818 m) – Madritschjoch (3.123 m) – Hintere Schöntaufspitze (3.325 m) - gleicher Weg zurück

Um 8:15 Uhr gingen wir an der Gletscherbahn/Talstation los. Bis zur Madritschhütte auf dem gleichen Weg, wie schon bei Wanderung Nr. 1 beschrieben (Fuhrweg 1 bis zur Schaubachhütte, dann Fuhrweg 151 bis zur Madritschhütte). Man kann körperliche Anstrengungen verringern und die Gesamtwanderzeit verkürzen, indem man von der Tal- bis zur Bergstation (Nähe Schaubachhütte) die Strecke mit der großen und geschlossenen Gondel der Gletscherbahn zurücklegt (Hund kein Problem).

Wir bevorzugen ganz persönlich die körperliche Herausforderung. Wenn eben möglich, meiden wir die Benutzung der Seilbahnen. Als wir an der Schaubachhütte zu der ersten, kurzen Pause eintrafen, kamen auch auf dem Plateau die ersten Touristen mit der Seilbahn an. Nach kurzer Pause gingen wir dann auf dem Weg Nr. 151 weiter zur Madritschhütte. Auch hier legten wir nur eine kurze Rast ein. Um 11:15 Uhr ging es dann von der Madritschhütte (2.818 m) weiter auf dem steilen Schotterfuhrweg Nr. 151 in östlicher Richtung bis zu dem auf 3.123 m gelegenen Madritschjoch.

Auf dieser Strecke befinden sich wegen des ohne Schwierigkeiten begehbaren Fuhrweges sehr viele Wanderer, und auch den Aufstieg zur Hinteren Schöntaufspitze bewältigen ganze Menschenansammlungen gleichzeitig. Die Hintere Schöntaufspitze gehört zu den am leichtesten erreichbaren Gipfeln, auch mit Hund. Dieser Gipfel ist auch bis heute der Einzige, den wir mit Hund erklommen haben. Bergsteigerische Fähigkeiten und besondere Ausrüstung benötigt man nicht. Im Gegensatz zu den Sonntagsausflüglern, die sich auch in Kleid und Halbschuhen per Seilbahn und Fahrweg bis hierher trauen, sollte man intelligenterweise aber auf jeden Fall vernünftige Wanderschuhe tragen. Auf dem Streckenabschnitt bergan zum Madritschjoch hat man rechts vom Fuhrweg den klaren Blick auf den Ebenwandferner, die oberhalb liegende Eisseespitze (3.230 m), die Butzen Spitze (3.302 m) und die Madritschspitze (3.265 m).

Auf dem letzten Stück vor dem Joch waren überall auf den Felsen kleine Schneefelder zu sehen. "Charly" flitzte wie ein Besessener durch den Schnee und fing mit richtigen Luftsprüngen die Schneebälle, die wir ihm zuwarfen. Am Madritschjoch angekommen, bot sich eine wunderbare Aussicht. Wir hatten glücklicherweise, wie schon bei der vorangegangenen Wanderung zur Payer Hütte, absolutes Traumwetter erwischt.

Die Sicht war sehr klar, und so sah man vom Joch aus in westlicher Richtung bis hinunter zur Schaubachhütte und dem "Dreigestirn". In südöstlicher Richtung konnte man das Madritschtal, die Mut-Spitze (2.912 m), die Marteller Hütte (2.610 m), Schran Spitze (2.888 m) und die Vordere Rotspitze (3.031 m) sehen. In nordöstlicher Richtung sieht man vom Madritschjoch den im Martelltal liegenden Zufrittsee. In östlicher Richtung am Eingang des Madritschtales liegt die Zufallhütte (2.265 m). Hier am Madritschjoch blieben wir einige Minuten sitzen. Wir begannen auf dem schmalen, serpentinenreichen und teilweise steilen Geröllpfad bergan in nördlicher Richtung die Hintere Schöntaufspitze zu erklimmen. Auch hier sollte man es vermeiden, bei Ausweichversuchen und Überholmanövern vermeintliche Abkürzungen zu nehmen. Folgen Sie auf jeden Fall den Markierungen. Von unten ist der Weg teilweise gar nicht zu erkennen.

Ich befand mich am Schluß einer Gruppe aufsteigender Wanderer. "Charly" lief allen voran, dicht gefolgt von "Herrchen", dann folgten dicht auf dicht einige andere Wanderer. Das "Schlußlicht" bildete "Frauchen", die außer Atem und müde war. Immer wenn ich hochblickte überlegte ich, ob ich weiterlaufen sollte. Als dann alle Wanderer vor mir oberhalb über eine Kuppe verschwanden, überlegte ich allerdings nicht mehr lange. Alleine hier am Felshang zu stehen, das war mir wesentlich unheimlicher, als weiter bergan zu gehen. Der Ausblick von der Hinteren Schöntaufspitze ist phänomenal. Es bietet sich ein Rundumblick ins Suldental und Martelltal und auf alle umliegenden Berge und Gletscher, sehr imposant.

Auf der Spitze, die ein großes Plateau bildet, machten wir einige Fotos und Videoaufnahmen und legten eine Rast ein. Unseren "Fiffi" mußten wir dann doch einmal zurückpfeifen, da er glaubte, bei einer Familie, die auch gerade den Proviant ausgepackt hatte, eine Rucksackinspektion vornehmen zu müssen. Nach einer ordentlichen Brotzeit machten wir uns wieder auf den Weg zum Madritschjoch. Im Wanderführer ist der Schwierigkeitsgrad mit "leicht" angegeben. Beginnt man die Wanderung aber schon an der Gletscherbahn Talstation in Sulden, so erfordert diese Wanderung Ausdauer und Kondition. Das letzte Stück des Aufstieges auf die Hintere Schöntaufspitze, erfordert Trittsicherheit und Schwindelfreiheit.

Wir wanderten den Fuhrweg Nr. 151 an den Skipisten entlang talwärts. Kurz vor dem Restaurant der Gletscherbahn/Bergstation wollte ich "Charly" anleinen, weil draußen an einem der Tische ein Schäferhund angeleint saß. Zu meinem Erstaunen mußte ich feststellen, daß die Leine weg war. Ich hatte sie morgens am Rucksack festgebunden. Da wir sie unterwegs nur selten benötigen, war mir der Verlust nicht aufgefallen. Ich war mir ziemlich sicher, daß ich die Leine schon auf dem ersten Wegabschnitt zur Schaubachhütte verloren haben mußte. Um herauszufinden, ob vielleicht jemand die Leine gefunden und abgegeben hatte, begab ich mich in das Restaurant. Ich fragte die Bedienung, ob eine grüne Hundeleine abgegeben worden sei. Während die Bedienung das verneinte, erhob sich von einem Tisch ein älterer Herr. Das Ehepaar war selbst mit Dackel unterwegs und hatte die Leine unterwegs gefunden.

Wir machten an der Schaubachhütte noch einmal eine kurze Rast. Dann wanderten wir in Begleitung eines Wanderers, den wir bei unserer ersten Tour zur Schaubach- und Madritschhütte kennengelernt hatten, ohne Pause bis zur Talstation der Gletscherbahn, wo auch unser Pkw geparkt war. Den Parkplatz erreichten wir ca. gegen 18:00 Uhr.

Die Gesamtwanderzeit inklusive aller Pausen betrug $9\frac{1}{2}$ Stunden bei einem Höhenunterschied von 1.418 m.

4) Sulden/Hotel Marlet (ca. 1.900 m) – Zaybachtal – Düsseldorfer Hütte (2.721 m) – gleicher Weg zurück

In Sulden liegt auf der östlichen Seite des Tales oberhalb der Hauptstraße das Hotel Marlet. Von hier beginnen wir um 10:15 Uhr die Wanderung zur Düsseldorfer Hütte, die auf 2.721 m Höhe im Talschluß des Zaybachtales liegt.

Zuerst wandern wir vom Hotel Marlet auf dem Forstweg/Fahrweg in südöstlicher Richtung ca. 15 Minuten bis zum Zaybach. Wir nehmen den Weg Nr. 5, der schmal und serpentinenreich links am Zaybach entlang in das Zaybachtal (sehr schönes Höhental) führt. Der Bach war reißend und führte sehr viel Wasser. Der Hund war wie immer in seinem Tatendrang nicht zu bremsen. Er lief einige Meter voraus, und die anfänglich steile Strecke bewältigte er wie im Flug.

Nach ca. $^3/_4$ Stunde Wanderzeit erreichten wir den höher gelegenen Teil des Zaybachtales. Der Pfad ist hier nur noch mäßig steil und führte durch teilweise sumpfige Almwiesen bergan. Der Zaybach wird an einer Stelle über Holzplanken überquert. Kurz darauf stand plötzlich mitten auf dem Weg eine Herde Kühe. Die Tiere ließen sich durch unsere Anwesenheit überhaupt nicht irritieren. Da wir nicht über Felsblöcke steigen wollten, um den Kühen auszuweichen, entschieden wir uns dazu, die Tiere aus dem Weg zu treiben. Wir leinten "Charly" vorsichtshalber an. Mit Rufen und wilden Armbewegungen trieb ich die Tiere aus dem Weg, während mein Mann mit "Charly" zügig weiterging.

Durch meine Rufe sah sich der Hund veranlaßt mit seinem Bellen meinem Handeln noch etwas Nachdruck zu verleihen. Dann wurde der schmale Pfad wieder wesentlich steiler und serpentinenreich. Die Almwiesen lagen hinter uns, und nun ging es durch Geröll und Fels bergan. Schon bei Beginn der Wanderung war das Wetter nicht gerade berauschend. Ursprünglich war es bewölkt, jetzt zog an den Felshängen und Bergwänden im Talschluß Nebel auf, und es fing an zu nieseln. Die Hütte war schon einige Male beim Aufstieg kurz zu sehen. Erst auf dem letzten, steileren Anstieg zur Hütte begegneten wir mehreren Wanderern. Bis dahin schienen wir uns alleine in diesem Höhental zu befinden. Der Aufstieg hatte ohne jegliche Pause 2 Stunden gedauert.

Schon wegen der Witterung kehrten wir mit "Charly" in der Hütte ein. Der Hund durfte, obwohl die Hütte hoffnungslos überfüllt war, mit hinein. Die zwei Gaststuben der Düsseldorfer Hütte sind gemütlich. Aber wie schon erwähnt, war die Hütte total überfüllt. Im Flur, in dem man üblicherweise auf den Berghütten die nasse Kleidung aufhängt, Rucksäcke und Wanderstöcke abstellt, war mit Müh und Not noch ein Haken für unsere Regencapes zu ergattern. In der Hütte war es bullig warm. Eine Mischung aus Zigarettenrauch, Essengerüchen und Schweißgeruch erfüllte die Stuben. Alle Tische waren besetzt. Wir hatten Glück, neben der Küche noch einen freien Stuhl zu finden. Die Fenster waren so beschlagen, daß ein Blick nach draußen unmöglich war. Angeregte Unterhaltungen an allen Tischen erfüllten den Raum.

Entsprechend kurz fiel die Rast auf der Hütte aus. Wir bestellten uns beide ein Skiwasser (Sirup mit Mineralwasser) und ich aß eine Knödelsuppe. Bei diesem Wetter tat die warme Suppe sehr gut. Nach nur einer knappen $1/2$ Stunde brachen wir wieder zum Abstieg auf. Von Wanderern, die nach uns die Hütte betraten, hörten wir, daß es inzwischen stark regnete. Es war schon 12:30 Uhr und nicht abzusehen, ob sich das Wetter heute noch bessern würde. Deshalb entschieden wir uns zum Abstieg, solange dieser noch unter halbwegs sicheren Umständen möglich war. In diesen Höhenlagen kann aus Regen auch schnell Schnee werden.

Beim Abstieg war der Pfad durch den Regen ziemlich rutschig. Die Wanderer, die uns beim Abstieg entgegenkamen, waren größtenteils für das Wetter ausgestattet. Da es bedingt durch die Nässe auch kälter geworden war, hatten wir Sweatshirts unter den Regenumhängen angezogen. Unter der Kapuze trug ich meine Sturmmaske, weil einem der Regen bei dem Wind kalt ins Gesicht peitschte. Zwei Wanderer kamen uns allerdings entgegen, bei denen ich im Nachhinein noch oft in Gedanken versucht habe nachzuvollziehen, was diese beiden jungen Leute sich eigentlich unter einer Bergwanderung vorgestellt haben mögen.

Als die beiden im Tal ihre Wanderung begonnen hatten, kann das Wetter ja schon nicht ideal gewesen sein. Trotzdem trugen beide nur dünne Baumwollshorts. Die Oberkörper der beiden waren mit weißen T-shirts bekleidet. Die beiden jungen Leute waren schon dermaßen durchnäßt, daß die Kleidung auf ihren Körpern regelrecht klebte. Der junge Mann trug einen ganz kleinen und fast leeren Rucksack, der also mit Sicherheit nicht Sachen zum Wechseln für zwei Personen enthielt. Das Schuhwerk war auch denkbar ungeeignet, weiße Lederturnschuhe. Als die beiden an uns vorbei aufwärts Richtung Hütte hechteten, war ich froh, nicht in ihrer Haut zu stecken.

Übrigens, als Information für diejenigen unter Ihnen, die noch nie Bergwanderungen unternommen haben: Man sollte im Gebirge nie auf die Idee kommen, einen Regenschirm zu benutzen. Diejenigen unter den Lesern, die Bergwandererfahrung haben, werden diesen Rat für unnötig halten. Aber auch das haben wir schon erlebt. Regen und Donner, und plötzlich steht hinter einer Wegbiegung ein Wanderer mit "Knirps" vor uns. Eine ganz schlechte Idee, vor allem bei Unwetter mit Blitz und Donner (Blitzschlaggefahr).

Der Himmel rundherum hatte sich völlig zugezogen, keine einzige weiße Wolke war zu sehen, ein eintöniges Grau umgab uns. Um der geisterhaften Situation und dem herannahenden Unwetter möglichst schnell zu entrinnen, legten wir etwas an Tempo zu. Der Hund raste über die Almwiesen, an denen wir inzwischen wieder angekommen waren. Ihn schien das Wetter nicht sonderlich zu interessieren.

Entlang dem Zaybach steil talwärts war der Weg inzwischen so aufgeweicht, daß man sehr darauf achten mußte, wohin man trat, um eine ungewollte "Bauchlandung" zu vermeiden. Endlich wieder im Tal auf dem breiten Weg zum Hotel Marlet angekommen, machte "Charly" noch eine Bekanntschaft. Wir begegneten einem Paar mit einer Dalmatinerhündin. "Sophie" und "Charly" begannen miteinander zu spielen. Bald war von dem Grundton weiß im Fell beider Hunde kaum noch etwas zu sehen. "Charly" sah fast aus, als hätte er ein Schlammbad genommen. Wir verabschiedeten uns und gingen zügig zu unserer Unterkunft zurück. Um 15:30 Uhr waren wir dann wieder in unserer Wohnung, und "Charly" war zuerst unter der Dusche.

Als wir es uns dann in unserem Wohnzimmer bei Kaffee und Kuchen gemütlich machten, fing es auch noch an zu blitzen und zu donnern. Meine Gedanken waren in diesem Moment unwillkürlich bei den Wanderern, die in der Hoffnung auf Wetterbesserung noch auf der Hütte geblieben waren und nun vielleicht gerade abstiegen. Gut, daß wir zeitig abgestiegen waren.

Die Gesamtwanderzeit, inklusive der einen Pause auf der Hütte, betrug 5 Stunden bei einem Höhenunterschied von 850 m.

5) Sulden/Hotel Marlet – Stieralmhütte (2.248 m) – Vorderes Schöneck (2.908 m) – gleicher Weg zurück

Da es den ganzen Morgen sehr nebelig und bewölkt war, warteten wir bis ca. 10:15 Uhr. Langsam lösten sich Frühnebel und Bewölkung auf, und wir konnten loswandern. Zuerst gingen wir zum Hotel Marlet. Direkt hinter dem Hotel verläuft der Wanderweg Nr. 18/19 bergan zur Stieralm/Kälberalm. Der erste Teil des Weges ist Fuhrweg, später wird er zu einem schmaleren Pfad und führt durch Wald und Almwiesen hinauf zur Waldgrenze und weiter zur Stieralm.

Der Weg ist wirklich schön zu gehen. Immer wieder blinkte zwischen den Bäumen die inzwischen strahlende Sonne hindurch. Der Weg ist serpentinenreich und teilweise ziemlich steil, aber nicht beschwerlich. Selbst bei dem inzwischen warmen Wetter bot der Wald kühlenden Schatten. Schon kurz nach dem Hotel Marlet stand wieder eine Herde Kühe auf dem Weg. Gemächlich trotteten die Rindviecher neben uns her. Die ersten Warnsignale für die freilaufenden Tiere, nämlich das laute Gebimmel der Kuhglocken, sind hier oben schon lange vorher gut zu hören. Eine der Kühe mußte ich allerdings regelrecht vom Weg treiben, da sie absolut keinen Anschein machte, uns vorbeizulassen.

Etwas unterhalb der Stieralm kommt man am Waldrand an eine große Almwiese mit Picknicktischen. In der nächsten Serpentine des Fuhrweges steht eine Parkbank. Hier ließen wir uns nieder und tankten bei einer kurzen Brotzeit Sonne.

20 Minuten später kamen wir auf der Stieralm an. Diese gemütliche Almhütte liegt auf 2.248 m Höhe und bietet von dem kleinen, umzäunten Hofplatz eine wunderbare Aussicht auf die gegenüberliegende Seite des Suldentales. Deutlich zu sehen ist die Tabarettahütte, die Bärenkopfscharte/Joch und die Payer Hütte. Wir setzten uns vor die Hütte in die Sonne und genossen bei dieser Aussicht hausgemachten Apfelstrudel und ein Glas Milch. Nach 45 Minuten Rast machten wir uns wieder auf den Weg.

Oberhalb der Stieralmhütte wird der Weg nun zu einem steilen, schmalen Pfad, der anfangs noch über Almwiesen führt, auf denen Kühe weiden. "Charly" entschied, daß er eines der Rindviecher näher kennenlernen wollte. Er lief in gemäßigtem Tempo zu der Kuh, die ruhig liegenblieb. Erst beschnupperte er die Schnauze. Einige Minuten leckten sich Hund und Kuh gegenseitig die Schnauzen ab, dann lief "Charly" um die Kuh herum und beschnüffelte intensiv Schwanz und Hinterteil. Die Kuh drehte nur den Kopf in Richtung des Hundes und sah ihm gelassen zu.

"Auspuffinspektion" bei einer Kuh auf der Wanderung zum Vorderen Schöneck

Der Weg führt von den letzten Almwiesen steil und serpentinenreich durch Geröll und Fels in nordwestlicher Richtung bergan. Wir wollten zum Vorderen Schöneck auf 2.908 m. Auf ca. 2.800 m Höhe legten wir am Pfad eine Rast ein. Wir setzten uns auf einen größeren Stein und sogen den traumhaften Ausblick regelrecht in uns auf. Die Sonne strahlte, am blauen Himmel waren viele weiße Schäfchenwolken zu sehen. Auf der gegenüberliegenden Talseite sah man die Tabarettahütte und Payer Hütte, die Langenstein Liftanlage, K 2 Hütte und das "Dreigestirn". Im Süden liegt die Gletscherbahn, der Fuhrweg zur Schaubachhütte und die Schaubachhütte. In der südöstlichen Richtung konnte man im Zaybachtal die Düsseldorfer Hütte erkennen.

Plötzlich hörten wir über uns das Geräusch eines Hubschraubers. Er überflog das Zaybachtal und zu den Berghängen auf der gegenüberliegenden Seite des Suldentales. Auf einem der Berghänge neben der Tabarettahütte landete er. Nach wenigen Minuten hob er wieder ab und flog zu dem Hang, auf dem auch die Tabarettahütte liegt. Dort landete er etwas unterhalb der Hütte. Es war ein Rettungshubschrauber. Was geschah, konnten wir aber selbst durch unser Fernglas nicht erkennen.

Ein solches Manöver in den Bergen zu beobachten, löst bei mir viele Gedanken aus. Es bringt mir jedes Mal wieder ins Bewußtsein, was die

Männer von der Bergwacht/Bergrettung leisten müssen, wenn sich Menschen in eine schwierige Lagen bringen. Ein weiterer Gedanke in so einer Situation ist bei mir immer das Mitgefühl dafür, was wohl in dem Menschen vorgehen mag, der momentan auf diese Hilfe angewiesen ist. Vor allem aber der innige Wunsch, niemals in eine ähnliche Situation zu kommen.

Der weitere Aufstieg auf dem schmalen Pfad durch die Geröllserpentinen zog sich sehr hin. Es war schon 14:30 Uhr, und es kamen uns bereits Wanderer auf dem Abstieg entgegen. Wir entschieden uns an der Biegung, die dann in nordöstlicher Richtung an der Bergwand entlang zum Vorderen und Hinteren Schöneck führt, zur Umkehr. Wir ließen uns nun für den Abstieg Zeit und wanderten gemächlich auf dem gleichen Weg zurück. Wir kehrten auf dem Rückweg nicht mehr ein, machten aber an "unserer" Parkbank nochmals eine kurze Rast. Am liebsten hätte ich mich hier in der Sonne auf die Bank gelegt, um ein Nickerchen zu machen. Aber je länger und öfter ich Pause mache, um so träger werde ich. Nach einigen geruhsamen Minuten zwangen wir uns dazu, weiterzugehen.

Die Gesamtwanderzeit inkl. Pausen betrug 7 Stunden und der Höhenunterschied ca. 890 m. Der Schwierigkeitsgrad ist im Wanderführer mit "leicht" angegeben. Um 17:30 Uhr waren wir wieder in unserer Unterkunft.

6) Gletscherbahn/Talstation (1.907 m) – H.-Ertl-Weg – Hintergrathütte (2.661 m) – Morisiniweg – K2 Hütte (2.330 m) – Gletscherbahn Talstation (Rundweg)

Um 10:15 Uhr wanderten wir bei sehr schönem Wetter los. Das Auto parkten wir an der Gletscherbahn/Talstation in Sulden und begaben uns dann unterhalb des Parkplatzes auf den Fahrweg, der auch zur Schaubachhütte führt. Kurz vor der ersten Kehre des Fahrweges gehen wir rechts hinunter zum Suldenbach und überqueren diesen. Die Überquerung ist nur bei Niedrigwasser (am besten im Herbst) möglich. Auf der rechten Seite des Suldenbaches angekommen, befindet man sich auf dem H.-Ertl-Weg/Nr. 2 A.

Dieser führt nun zu einer Felswand und dann in steilen Serpentinen durch Felsen zu einer Geröllrampe. Über diese Geröllrampe geht es weiter zur nächsten Felsstufe. Der Weg erfordert Trittsicherheit und Schwindelfreiheit, sieht aber wesentlich schwieriger aus, als er wirklich ist. Der H.-Ertl-Weg endet nahe der Mittelstation der Gletscherbahn, Gehzeit ungefähr ³/₄ bis 1 Stunde. Man geht weiter über den Geröllpfad Nr. 2. Der Weg führt in Kehren über einen Wiesenhang steil bergan. Schließlich biegt er rechts in einer Kehre über den Graskamm mit Blick auf Königsspitze, Monte Zebru und auf die Ortler-Südostwand.

Der Weg steigt jetzt mäßig bergan durch Schutt- und Geröllmoränen, am Bachverlauf und Felskämmen vorbei. Nach einem etwas steileren letzten Stück steht man dann auf einem Höhenplateau. Vor uns liegt rechts am Weg die verfallene Bäckmannshütte. Auf dem weiteren fast ebenen Verlauf des Weges kommt man noch an einem kleinen Tümpel vorbei. Kurz darauf ist etwas unterhalb der Gratsee und die westliche Terrasse der Hintergrathütte sichtbar. Es geht nun sanft durch ein kleines Tal bergab und am Gratsee vorbei. Nach weiteren 10 Minuten Gehzeit hat man die Hintergrathütte erreicht.

Dieses stattliche Schutzhaus ist wunderschön gelegen, und im Suldental meiner Meinung nach eines der schönsten Höhenziele. Von der in westlicher Richtung gelegenen Terrasse hat man den Blick auf den Gratsee und das "Dreigestirn". Von der südöstlich gelegenen zweiten Terrasse bietet sich der Ausblick ins Suldental und das Zaybachtal mit der Düsseldorfer Hütte. Bei klarer Sicht eine traumhafte Aussicht.

Blick von der Hintergrathütte auf das gegenüberliegende Zaybachtal

Wir legten eine Rast von ca. ³/₄ Stunde ein. Auf der Terrasse sitzend bemerkten wir, daß der Hund nicht wie sonst unter dem Tisch lag. Ich ging also um die Hütte herum, um ihn zu suchen. Als ich zum Eingang der Hütte an der westlichen Terrasse kam, hörte ich schallendes Gelächter aus der Küche. Das Küchenpersonal saß und stand herum und amüsierte sich darüber, daß "Charly" bettelnd vor dem Herd stand, auf dem das Essen brutzelte. Ich packte mir unser "Goldstück" im Genick und zog ihn, mehrfach Entschuldigungen stammelnd, aus dem Raum. Das Personal meinte, es sei ja nichts passiert. Er habe so süß ausgesehen, wie er da bettelnd vor dem Herd saß.

Nachdem wir uns von den Anstrengungen des Aufstieges etwas erholt hatten, brachen wir wieder auf. Andere Wanderer hatten uns davon abgeraten, mit dem Hund den Morisiniweg zu begehen. Auf dem Weg solle es ausgesetzte Stellen geben, die mit Hund wahrscheinlich nicht zu schaffen seien. Wir nahmen uns vor, trotzdem einen Versuch zu wagen. Sollte es wirklich zu schwierig werden, so hätten wir hinsichtlich der Tageszeit immer noch umkehren können. Direkt auf der Rückseite der Hintergrathütte in nördlicher Richtung führt der Weg Nr. 3/Morisiniweg ein kurzes Stück sehr steil bergan, danach verläuft der schmale Pfad links an der Felswand entlang. Auf diesem Weg sind an einem kurzen Stück Seilsicherungen vorhanden. Trittsicherheit und Schwindelfreiheit sind absolut erforderlich. Der Weg bietet nach rechts den Blick ins Suldental. Er ist holperig, aber ohne größere Höhenunterschiede. Da Ihnen auch hier auf der Strecke Wanderer begegnen und Sie sich sehr auf Ihren Schritt konzentrieren müssen, haben Sie keine Gelegenheit, sich großartig um Ihren Hund zu kümmern. Wenn Sie diese Strecke mit Hund zurücklegen wollen, so ist es unabdingbar, daß Sie sich auf Ihr Tier verlassen können, was das Verhalten anderer Menschen gegenüber betrifft. Es ist notwendig, daß der Hund ohne Anleitung entgegenkommende Wanderer umgeht. Den Hund hier an der Leine zu führen wäre, genau wie bei dem Weg zur Payer Hütte, sehr gefährlich für Sie und andere Wanderer. Sie müssen auf solchen Höhenstrecken die Hände frei haben.

Der Weg verläuft in nordwestlicher und nördlicher Richtung weiter bis zum Langensteinlift und der K2 Hütte. Auf der Wegstrecke kommt man durch kleine Täler, an einem Bachverlauf entlang, zwischen Felsen hindurch sowie über Schutt- und Geröllmoränen. Es ist eine sehr abwechslungsreiche Wanderung. Auf dem Teilstück kurz vor der Langensteinbahn und der K 2 Hütte geht es noch einmal ein Stück sehr steil bergab, an einer Felswand entlang, bis der Weg dann in die Moränenfelder und über Skipisten führt.

Die K 2 Hütte ist keine typische Berghütte, sondern ein modernes Restaurant an der Bergstation der Langensteinbahn. Ab der Langensteinbahn führt der Wanderpfad mäßig steil und serpentinenreich in südwestlicher Richtung durch den Wald bergab. Man folgt dem Weg Nr. 3 weiter talwärts und dann in südlicher Richtung bis zum Weg Nr. 9. Dieser Weg führt in südlicher Richtung ohne Höhenunterschiede bis zur Gletscherbahn Talstation.

Um 18:15 Uhr waren wir wieder an der Gletscherbahn. Mit mehreren kurzen Pausen betrug die Gesamtwanderzeit 8 Stunden bei einem Höhenunterschied von 750 m. Der Weg enthält keine Abschnitte die so wären, daß man sie nicht bewältigen könnte. Die vorhandenen Seilsicherungen auf einem kurzen Stück der Wegstrecke dienen als Vorsichtsmaßnahme.

Wie bei allen Strecken, die wir zurückgelegt haben, gilt auch hier, daß es für den Hund weniger schwierig war, als für uns. Ich möchte aber unbedingt noch einmal darauf hinweisen, daß Schwindelfreiheit und Trittsicherheit für die zweibeinigen Wanderer hier notwendig sind.

7) Enzianhütte (2.051 m) – Vordere Rotspitze (3.031 m) – Marteller Hütte (2.610 m) – Zufallhütte (2.264 m) – Enzianhütte (Rundweg):

Da wir die schönsten Höhentouren im Suldental bereits gewandert sind, entschlossen wir uns, heute im Martelltal zu wandern. Man fährt von Sulden die Serpentinenstraße hinunter bis ins Trafoier Tal und dann in nordöstlicher Richtung nach Prad. Von Prad aus geht es in östlicher Richtung auf der Hauptstraße durch den Vinschgau. Wir fahren durch den Ort Laas und vorbei an Schlanders bis zu der Ortschaft Goldrain. In Goldrain biegen wir rechts in das Martelltal ab. Die Fahrt führt durch die Ortschaft Martell und von dort weiter durch dieses schöne Höhental. In Serpentinen führt die Straße zum Zufrittsee, der auf ca. 1.880 m liegt, dann weiter zur Enzianhütte auf 2.051 m Höhe. Hier befinden sich mehrere große Parkplätze. Die Autofahrt hierher dauert von Sulden bei guter Verkehrslage 1¹/₂ Stunden.

Um 10:15 Uhr begannen wir die Wanderung auf dem Wanderweg Nr. 31/37, erst flach und dann mäßig steil durch Almwiesen und Wald bergan. Schließlich wird der Weg schmaler und steiler und führt nach den sumpfigen Wiesen über Geröll an einer Felswand vorbei. Nach einem kurzen Stück mit sehr steilem Anstieg befindet man sich in einem kleinen Felstal. Bei der Durchquerung dieses kleinen Tales entdeckten wir einen völlig skelletierten Schafsschädel. An der anderen Seite des Tales steigt der schmale Pfad wieder steil an einer Felswand entlang und führt auf ein kleines, grasbewachsenes Höhenplateau.

Von diesem Plateau hat man den Blick hinab ins Martelltal und hinüber ins Madritschtal mit der Zufallhütte. In südöstlicher Richtung liegt die Vordere Rotspitze (3.031 m). Der Blick in diese Richtung fällt auf Fels- und Bergwände, und durch das Fernglas können wir am Felshang zu unserer linken Seite Wanderer beim Aufstieg beobachten. Der Weg 31/37, der ungefähr in der Mitte des Felshanges weiter bergan verläuft, ist nicht zu sehen. In den Geröllmoränen lassen sich die Wege auf Entfernung schlecht ausmachen. Sie sind aus größerer Entfernung nur dadurch zu erahnen, daß irgendwo oberhalb Wanderer beim Aufstieg zu sehen sind. Wir entschlossen uns, auf dem Plateau eine kurze Rast einzulegen.

Wir waren allein auf diesem Plateau. Es schien, als ob man alleine auf der Welt sei. Plötzlich rannte der Hund bellend auf den Felsvorsprung zu, an dem der Weg auf das Plateau endete. Eine Armeekappe war an dem Vorsprung sichtbar, und eine Stimme rief: "Bitte rufen Sie den Hund zu sich". "Charly" kam auf unser Kommando zu uns zurück. Wie konnte es auch ein nicht zu unserem "Rudel" gehörender Zweibeiner wagen, uns auf "unserem" Plateau bei der Rast zu stören. Der Wanderer, der eine Armeekappe und Uniformhemd trug, kam langsam über den Rand des Plateaus gekrochen. Der Mann meinte humorvoll, er hätte ja nicht wissen können, daß er sich schon im Tal bei "Charly" hätte anmelden müssen.

Von diesem Plateau aus führt der Weg dann in Serpentinen sehr steil durch das Geröllfeld bergan. Der Weg ist zwar nicht schwierig, aber sehr anstrengend. Andere Wanderer hatten uns erzählt, man käme oben auf ein Joch, an dem sich linker Hand der Aufstieg zur Rotspitze befände. Endlich am Joch angekommen, benötigten wir erstmal eine Verschnaufpause. Am Joch befindet man sich ungefähr auf 2.800 m Höhe.

Ursprünglich hatten wir vor, die Vordere Rotspitze zu besteigen. Als wir allerdings in einer Felsspalte links den seilgesicherten Aufstieg sahen, entschlossen wir uns, von der Besteigung dieses Gipfels Abstand zu nehmen. Der Hund hätte den Anstieg über die scharfen Felsspalten wahrscheinlich nicht schaffen können.

Statt dessen gingen wir durch ein rechts von uns liegendes kleines Gerölltal. Auf der anderen Seite angekommen, fanden wir den ersten Wegweiser für den neuen Höhenweg 37 A. Dieser Höhenweg ist äußerst abwechslungsreich. Der Weg verläuft mit geringen Höhenunterschieden und streckenweise auch eben an Gletscherfeldern, Gletscherzungen, Geröllmoränen und Gletscherseen vorbei. Teilweise führt er vorbei an Felswänden, über Graskämme und Geröllfelder.

Es bietet sich rundherum ein Blick auf die imposanten Gletscher. Rechts sieht man die Schranspitze (2.888 m), links den Schranferner und die Hintere Schranspitze (3.355 m). Dann werden links die Terza Cima (3.356 m) Seconda Cima (3.349 m), Venezia Spitze (3.396 m) und die Köllkuppe (3.330 m) sichtbar. Man geht entlang am Ultenmarktferner und Hoher Ferner. Rundherum Schnee, die kleinen Gletscherseen mal grasgrün, mal türkis oder blau. Die Gletscherzungen schimmern bläulich und grünlich, je nach Sonnenlicht. Weiter oben auf den Fernern sind auch Gletscherspalten sichtbar.

Auf dieser Strecke unterhalb der Vorderen Rotspitze zur Marteller Hütte (2.610 m) kamen uns nur zwei Wanderer entgegen. Der Blick nach rechts eröffnet eine wunderschöne Aussicht ins Martelltal, Madritschtal mit Madritschjoch und Butzental. In südwestlicher Richtung die ungeheuren Gletscherzungen des Furkel-, Langen- und Zufallferners. Außerdem in gleicher Richtung deutlich erkennbar sind Monte Cevedale (3.769 m), Zufallspitze (3.757 m) und Sulden Spitze (3.378 m).

Kurz vor Ankunft auf der Marteller Hütte müssen noch einige Gras- und Geröllkämme überwunden werden. "Charly" war ca. 15 m vor uns und bereits über die Kuppe des Graskammes gelaufen. Wir hörten ein Murmeltier den schrillen Warnpfiff ausstoßen. Als wir oben auf der Kuppe des Graskammes ankamen, sahen wir "Charly", der einen Felsblock umkreiste. Unter dem Felsblock hielt sich ein Murmeltier versteckt. Was der Hund in seiner Aufregung gar nicht bemerkte, wir aber von der Kuppe aus gut sehen konnten, ein Hase war durch die Warnpfiffe des Murmeltieres aufgeschreckt worden und lief hinter dem Hund an der Felswand hoch. Unser Hund war so von dem Murmeltier eingenommen, daß er den Hasen überhaupt nicht bemerkte. Wir riefen "Charly" zu uns zurück und gingen dann auf dem Weg 37 A weiter. Auf dem letzten Stück zur Marteller Hütte verläuft der schmale Steig an einer Felswand unterhalb der Konzen Spitze entlang und dann talwärts zur Marteller Hütte. Man kommt an der Rückseite der Hütte an einem großen eingezäunten Auslauf vorbei. Als wir an dem Zaun entlang gingen, kamen bellend und knurrend drei Huskies und eine Schäferhündin zum Vorschein.

Die Terrasse der Marteller Hütte liegt mit Blick in die Richtung auf die gesamte Ortlergruppe. Wir kamen um 15:00 Uhr an der Hütte an und machten auf der Sonnenterrasse ³/₄ Stunde Rast. Mit dem Hüttenwirt kamen wir kurz ins Gespräch. Auf die Frage, ob er die Huskies auch frei laufen lasse, antwortete er, daß dies völlig unmöglich sei, da die Tiere jede Witterung sofort aufnehmen und dann jagen würden. Wir kamen auch mit mehreren Bergsteigern ins Gespräch, die hier übernachteten, um am nächsten Morgen zu Gipfelbesteigungen der umliegenden Berge aufzubrechen.

Von der Marteller Hütte (2.610 m, innen sehr gemütlich) hat man zwei Möglichkeiten des Abstieges in das unterhalb liegende Höhental mit dem Plima Bach; den mäßig steilen Weg Nr. 34 oder den wesentlich steileren Weg Nr. 102. Wir entschieden uns für den Weg Nr. 102. Er führt in steilen Serpentinen durch Geröll erst in nördlicher und dann nordöstlicher Richtung hinunter zum Plima Bach. Man überquert eine kleine Staumauer, dann geht es noch einmal sehr steil über Geröllstufen und Steine und schließlich über sumpfige Almwiesen zur Zufallhütte (2.264 m). Auch hier blieben wir wegen des schönen Wetters und der traumhaften Aussicht auf der Sonnenterrasse. Wir legten eine kurze Rast ein und gingen dann auf dem Fuhrweg Nr. 150 vorbei an Almwiesen und dann durch Wald zurück zum Parkplatz an der Enzianhütte.

Um 18:00 Uhr traten wir die Rückfahrt nach Sulden an. Die Gesamtwanderzeit betrug 7³/₄ Stunden inklusive Pausen. Der Höhenunterschied betrug 750 m. Der Weg hat keine ausgesetzten Wegstücke oder Seilsicherungen. Schwindelfreiheit und Trittsicherheit, sowie ein gutes Maß an Kondition sind allerdings auf jeden Fall erforderlich.

8) Wildgehege Stilfs (ca. 1.600 m) – Prader Alm (2.050 m) – Furkelhütte (2.153 m) – gleicher Weg zurück

Heute morgen wanderten wir, bedingt durch den Frühnebel, erst sehr spät los. Wir fuhren nach einem gemütlichen und ausgedehnten Frühstück die Serpentinenstraße hinunter ins Trafoier Tal. In Gomagoi fahren wir erst Richtung Stilfs, und dann in Serpentinen weiter bergan bis zum Platzwald und dem Wildgehege. Dort parkten wir das Auto und gingen um 11.30 Uhr auf dem mäßig steilen Fuhrweg Nr. 2 in Serpentinen hinauf zu der auf 2.050 m gelegenen Prader Alm. Der gut markierte Weg führt durch Almwiesen und Wald und ist angenehm zu gehen.

Man kann allerdings auch, anstatt auf dem Fuhrweg, den quer durch die Serpentinen abkürzenden Wald- und Wiesenpfad bergan gehen. Dieser ist allerdings steiler als der Fuhrweg und bei feuchter Witterung rutschig. Abgesehen davon, führt dieser Pfad quer über die Almwiesen, auf denen Kühe weiden.

An der Prader Alm angekommen, setzten wir uns auf einer Holzbank bei einer Viehtränke zur Rast. Der Bauer, von dem die Hütte bewirtschaftet wird, stellt noch selber Käse her. Als wir an der Hütte ankamen, saß er mit seiner Colliehündin etwas oberhalb am Wald auf einer Bank. Wir bestellten von dem hausgemachten Käse. Da sich viele der Kühe im Bereich der Viehtränke aufhielten, gingen wir um die Hütte herum. Wir nahmen auf der kleinen Terrasse unsere Brotzeit ein.

Von hier bietet sich ein schöner Blick ins Trafoier Tal und auf die Bergregion des Stilfser Joch. Der Ortler ist deutlich zu sehen, ebenso wie die Bärenkopfscharte und die Payer Hütte.

Nach 20 Minuten Rast wanderten wir weiter in südlicher und schließlich in südwestlicher Richtung zur Furkelhütte. Von der Prader Alm zur Furkelhütte beträgt die Wanderzeit auf dem hier nur mäßig ansteigenden Fuhrweg Nr. 2 noch ca. 20 Minuten.

Von der Furkelhütte waren wir sehr enttäuscht. Der Hund war hier zwar willkommen, und die Hütte ist hübsch, dafür ist die Sonnenterrasse bis auf den letzten Platz gefüllt. Eine Seilbahn führt vom Ort Trafoi zu der Hütte. Bedingt durch die Geräusche der Seilbahn, die direkt neben der Terrasse verläuft, ist es ungemütlich laut. Von der Stille der Bergwelt ist hier noch nicht einmal ein Hauch zu spüren. Der Ausblick von der

Terrasse ist allerdings wunderschön. Man überblickt einen großen Teil des Trafoier Tales, den Ortler und die gesamte Stilfser Joch Region.

Die Kellnerin, die uns bediente, war nicht gerade mit Höflichkeit geschlagen. Was ich allerdings unverschämt fand, war die Tatsache, daß für den Verzehr von selbst mitgebrachtem Proviant pro Person eine Gebühr von 1.000 Lira entrichtet werden muß. Und zwar auch dann, wenn auf der Hütte Getränke bestellt werden. Die Summe wäre nicht der Rede wert, aber es geht mir hier um ein Prinzip. Es ist für mich nicht einzusehen, daß Menschen sich für etwas bezahlen lassen, wofür sie keine Leistung erbringen. Wir haben das auf keiner anderen Berghütte in Österreich oder Italien erlebt, und es ist reine Geldschneiderei. Normalerweise nehmen wir an Hütten auf jeden Fall Getränke und natürlich auch des öfteren Suppe oder andere leichte Speisen zu uns. Wenn ich aber zum Beispiel auf einer Höhenwanderung zwei oder mehr Hütten als Ziele habe, dann nehme ich ja nicht auf jeder Hütte eine komplette Mahlzeit zu mir. Wir tranken nur unsere bestellten Getränke aus, nachdem die Kellnerin uns beim Auspacken unseres Proviants angesprochen hatte.

Auf dem gleichen Weg stiegen wir wieder ab. Uns war es lieber, an der Prader Alm noch eine Rast einzulegen. Ich hätte lieber dem Bauern der Prader Alm einen Jahresvorat an Käse abgekauft, als auf der Furkelhütte "Korkengeld" zu bezahlen.

Da die Prader Alm auf dem Rückweg allerdings geschlossen war, machten wir auch hier nur eine kurze Rast. Als wir wieder losgingen, fing es an zu regnen. Der Regen blieb uns auch auf dem gesamten Rückweg zum Auto erhalten. Wir wollten wegen dem schlechten Wetter schnellstens wieder zum Auto zurück. Deshalb entschieden wir uns auf dem Rückweg für den Pfad, der querfeldein durch die Almwiesen führt.

Als wir wieder am Wildgehege angekommen waren, hatte der Regen nachgelassen. Unsere Gesamtwanderzeit einschließlich Pausen betrug, bei einem Höhenunterschied von 500 m, $4^1/_2$ Stunden.

Wir hatten morgens schon im Radio gehört, daß für die folgenden Tage Schnee bis in die Täler erwartet wurde. Am folgenden Tag war im Suldental alles zugeschnet und das Stilfser Joch (Paßstraße) geschlossen. Da wir weder Winterreifen noch Schneeketten hatten und bei der Rückfahrt über den Reschenpaß mußten, entschlossen wir uns, den Urlaub 3 Tage früher als geplant zu beenden.

Wandervorschläge für kurze Wanderungen an Pausentagen

1) Wanderung vom Ort Sulden auf Weg Nr. 6 zum "Café Waldruhe"

Es handelt sich bei diesem Weg um einen gut begehbaren und fast ebenen Forst- und Fuhrweg. Dieser Weg beginnt am nördlichen Ortsrand von Sulden auf der östlichen Talseite des Suldentales und führt durch den Wald bis zum Café. Zurück auf gleichem Weg.

2) Wanderung von Sulden Weg Nr. 6 zum Rumwaldhof/Jausenstation

Man geht, wie bei der Wanderung zum "Café Waldruhe", erst auf dem Weg Nr. 6 in nördliche Richtung und zweigt dann später auf dem Weg Nr. 24 in westliche Richtung talwärts zum Rumwaldhof ab. Diese Jausenstation ist sehr originell und ursprünglich. Hunde sind gern gesehen. Die Familie, die diese Jausenstation bewirtschaftet, inklusive Schäferhündin "Meggi", ist sehr lieb. Die Bäuerin serviert vorzügliche Hausmannskost, die Atmosphäre ist sehr urig, und unser Hund hatte hier Narrenfreiheit. (Näheres unter hundefreundlichen Restaurants). Zurück auf dem gleichen Weg.

3) Bergstation Gletscherbahn/Schaubachhütte – hinunter ins Suldental auf dem Fuhrweg

Wenn Sie nur ca. 2 Stunden wandern wollen, dann können Sie mit der Gletscherbahn zur Bergstation hinauf fahren. Auf dem Fuhrweg Nr. 1 wandern Sie talwärts. (Strecke wird bei den Höhenwanderungen Nr. 1 und 3 beschrieben)

4) Bergstation Gletscherbahn – Madritschhütte – Madritschjoch

Ca. 4 Stunden Wanderzeit. Mit der Gletscherbahn fahren Sie bis zur Bergstation, dann auf dem Fuhrweg zur Madritschhütte und Madritschjoch, wie in Höhenwanderung Nr. 1 und 3 beschrieben. Von der Bergstation zurück ins Tal wieder mit der Gletscherbahn.

5) "Haus der Berge" – Tabarettahütte – gleicher Weg zurück

Vom "Haus der Berge" auf Weg Nr. 4, wie bereits in Höhenwanderung Nr. 3 beschrieben, zur Tabarettahütte und auf gleichem Weg zurück. Wanderzeit ca. 5 Stunden.

6) Hotel Sulden (Innersulden) - Ausflugslokal "Kanzel" (2.350 m)

Hinter dem Hotel Sulden führt der Weg Nr. 12 serpentinenreich und steil durch den Wald und über Almwiesen bergan zum Ausflugslokal "Kanzel". Ein sehr schöner Waldweg und ohne Schwierigkeitsgrad. Der Weg ist durchweg von Wurzeln durchzogen und deshalb bei feuchter Witterung sehr rutschig. Wir mußten diese kurze Wanderung wegen Nebel und Regen abbrechen. Zur "Kanzel" kommt man auch mit einem Sessellift hinauf.

Tagestouren mit dem Auto

Sehenswürdigkeiten für Schlechtwettertage

1) Fahrt von Sulden zum Stilfser Joch (2.750 m)

Wir fuhren die Serpentinenstraße von Sulden hinunter ins Trafoier Tal. Im Trafoier Tal (Gomagoi) angekommen, biegt man links ab Richtung Stilfser Joch. In südwestlicher Richtung fährt man auf der Serpentinenstraße durch den Ort Trafoi und dann durch dichten Wald bergan. Die Paßstraße hinauf zum Stilfser Joch ist mit ihren 48 Kehren ein echtes Erlebnis, für den Fahrer allerdings auch stressig. Bei unserer ersten Fahrt aufs Stilfser Joch war es auch noch nebelig. Es herrscht, vor allem an sonnigen Tagen, extremer Betrieb. Busse, Mountainbiker, Motorräder und Pkw schieben sich den Berg hinauf. Der Gegenverkehr ist nicht weniger rege, und wenn Mountainbiker nahezu ungebremst um die Kurven kommen, kann das schon sehr beängstigend aussehen.

Auf dem Stilfser Joch waren wir dann doch etwas enttäuscht. Die Aussicht ist zwar ein Erlebnis, aber die Menschenmengen auch. Imbiß- und Souvenirstände reihen sich hier in Unmengen aneinander, einen Parkplatz zu ergattern, ist fast wie ein "Sechser im Lotto". Restaurants, Hotels und Skilifte liegen dichtgedrängt aneinander. Von den Aussichtspunkten hat man jedoch einen Ausblick, der für den Trubel entschädigt. Die Sicht reicht bis in die Schweiz. Die gesamte Ortlergruppe, der Stilfser Joch Nationalpark und natürlich der alles überragende Ortler sind zu sehen. Im gesamten Stilfser Joch Gebiet kann natürlich gewandert werden. In nördlicher Richtung liegt die Schweiz. In südlicher und später südwestlicher Richtung führt die Paßstraße durch das Valle del Braüllo nach Bormio. Fahrtzeit von Sulden bis auf das Stilfser Joch ca. $1^1/_2$ Stunden.

2) Fahrt über das Stilfser Joch nach Borneo (Bormio)

Tour wie in Nr. 1 geschildert. Auf der Strecke vom Stilfser Joch talwärts nach Borneo wird die Paßstraße streckenweise sehr schmal und ist sehr serpentinenreich. An verschiedenen Stellen der Paßstraße befinden sich Aussichtspunkte und kleinere Parkplätze. Von diesen Punkten zweigen auch Wanderwege für Höhenwanderungen ab. Auf der Strecke nach Borneo erlebten wir unter anderem, daß wir aus einem Tunnel zurücksetzen mußten, da uns ein Linienbus entgegenkam. Da hinter uns natürlich noch mehrere andere Fahrzeuge in den Tunnel gefahren waren, wurde das ein umständliches Manöver.

Der Ort Borneo ist ein typisches italienisches Städtchen, mit netten Straßencafés und Geschäften. In Borneo ist auch der Sitz der Stilfser Joch Nationalpark Direktion. Sie können sich hier nach Wandermöglichkeiten erkundigen. Eine bequeme Möglichkeit zu einem Höhenerlebnis bietet sich hier geradezu an.

Man kann mit dem Jeep Zubringer bis auf eine Höhe von 2.823 m fahren. Von dem Punkt, an dem der Jeep Zubringerdienst endet, ist die Casatihütte auf 3.254 m leicht und gletscherfrei erreichbar. Die Casatihütte dient als Stützpunkt für Bergsteiger und ist vom Suldental her nur im Zuge einer Gletscherbegehung (ohne Bergführer für Anfänger nicht zu empfehlen, mit Hund riskant) zu erreichen.

Planen Sie für die Tagestour nach Borneo eine Fahrtzeit von ca. 2$^1/_2$ Stunden pro Strecke ein.

3) Reschensee

Man folgt der Serpentinenstraße von Sulden ins Trafoier Tal hinab nach Gomagoi, von dort in nordöstlicher Richtung nach Prad. An der Kreuzung, an der die Straße aus dem Trafoier Tal auf die Hauptverkehrsstraße durch den Vinschgau mündet, biegt man links in nordwestliche Richtung ab. Halten Sie sich an die Beschilderung Reschenpaß/Reschensee. Fahrtzeit ca. 2 Stunden, je nach Verkehrslage. Rund um den Reschensee bieten sich Wanderwege an. Eine der Sehenswürdigkeiten ist der aus dem Wasser des Sees herausragende Kirchturm.

4) Autofahrt nach Livignio

Da Livignio zollfreies Gebiet ist, kann man hier günstig einkaufen. Von Sulden fahren wir wieder hinab in den Vinschgau, dann in nordwestlicher Richtung nach Schluderns und ins Münstertal. Direkt am Anfang des Münstertales liegt das Örtchen Glurns mit der gut erhaltenen, alten Stadtmauer. Ein Spaziergang durch das kleine Örtchen lohnt sich. Im Münstertal ist auch die Schweizer Grenzstation. Der erste Ort auf dem Gebiet der Schweiz ist das Dorf St. Maria. Weiter geht es dann Richtung Ofenpaß und durch einen Nationalpark. Auf dem Ofenpaß schneite es. Das Wandern in diesem Nationalpark ist mit Hund verboten. Selbst angeleint sind Hunde hier nur auf den Parkplätzen am Straßenrand geduldet. Am Ende des Ofenpaßes geht es dann durch einen einspurigen Tunnel mit Ampelschaltung nach Livignio.

Der Ort Livignio ist sehr schön gelegen, aber mit Massentourismus müssen Sie hier rechnen. Der Innenstadtbereich mit der Fußgängerzone bietet eine Vielfalt an Geschäften, die zum zollfreien Einkauf einladen. Lederwaren-, Kosmetik- und Tabakläden reihen sich hier aneinander. Wir blieben in Livignio deshalb auch gar nicht lange. Nach ca. 2 Stunden Aufenthalt traten wir auf gleicher Strecke die Rückfahrt an.

Wieder in dem Nationalpark am Ofenpaß angekommen, konnten wir auf den Schildern der Parkverwaltung lesen, daß es in diesem Schweizer Nationalpark 1.000 Rehe und Hirsche, 2.000 Steinböcke, sowie Marder, Hermeline, Stein- und Königsadler gibt.

Als wir dann vom Ofenpaß in Serpentinen wieder in Richtung Münstertal fuhren, sahen wir mehrere Forstangestellte mit Ferngläsern. Wir hielten auf einem Parkplatz an. Was wir durch unser Fernglas zu sehen bekamen, und was die Förster beobachteten, waren zwei Adler. Die beiden Vögel kreisten in großer Höhe über der Paßstraße.

Je nach Wetter- und Verkehrslage, sollten Sie für die Fahrt nach Livignio für jede Strecke ca. 2 bis $2^1/_2$ Stunden rechnen.

KAPITEL 4

Höhenwanderungen im Hochmontafon/Arlberg Silvretta Gruppe

Urlaubsort: Gaschurn (979 m),Wanderurlaub 6.8. - 20.8.95.
(Zum Zeitpunkt dieses Wanderurlaubes war "Charly" 2 Jahre und 2 Monate alt)

1) Silvretta Stausee/Bieler Höhe (2.030 m) – Radsee (2.477 m) – Radsattel (2.652 m) – Wiesbadener Hütte (2.443 m) – Silvretta Stausee (Rundweg)

Nach dem Frühstück fuhren wir um 7:45 Uhr in Richtung Bielerhöhe, um hier unsere erste Wanderung zu beginnen. Von Gaschurn aus ging es in südöstlicher Richtung durch den Ort Partenen und weiter über die serpentinenreiche Silvretta Hochalpenstraße (Mautstation in Partenen). Auf 1.743 m Höhe fährt man ein Stück am Vermunt Stausee entlang und dann weiter hinauf zum Silvretta Stausee. Der Silvretta Stausee/Bielerhöhe liegt auf 2.030 m. Wir parken auf einem der zahlreichen Parkplätze und gehen dann am nördlichen und nordöstlichen Ufer des Sees entlang. Hier befindet sich der Wanderweg Nr. 302 in südöstliche Richtung.

Wir gehen auf dem mäßig steilen Trampelpfad erst durch Almwiesen, durch das Bieltal und am Bieltalbach entlang. Das Bieltal ist ein wild romantisches Höhental. Es war bewölkt, Frühnebel hing noch im Tal, und es begann zu nieseln. Ungefähr auf der Höhe vom Weißen Bach teilt sich der Weg Nr. 302. In östlicher Richtung überquert er den Bieltalbach in Richtung Jamtalhütte, in südöstlicher Richtung führt er am rechten Ufer des Bieltalbaches entlang zum Radsee. Wir folgen dem Weg in südöstlicher Richtung. Der Weg ist anfangs mäßig steil und wird zu einem Geröllpfad. Kurz vor der Stelle, wo sich der Aufstieg zum Radsee befindet, trafen wir auf einen Bergbauern mit seinen Kühen und dem Hütehund.

Der Hütehund und "Charly" beschnupperten sich. Der Collie-Chow-Chow Mischlingsrüde und "Charly" spielten zwischen den Kühen fangen. Währenddessen unterhielten wir uns einige Minuten mit dem Hirten. Nach kurzer Pause ging es dann über den steinigen Geröllpfad sehr steil in Serpentinen bergan. Dieses steile Stück des Weges ist nur kurz, und wenige Minuten später steht man auf dem Höhenplateau mit dem Radsee. "Charly" nahm erstmal ein Bad im See. Während wir mit dem Hund spielten, und er aus dem eiskalten Wasser immer wieder Stöckchen apportierte, hatte sich eine englische Familie in einiger Entfernung am Seeufer zu uns gesellt und beobachtete nun den Hund beim Spiel. Einige Minuten später glaubte ich, meinen Augen nicht zu trauen. Der ca. 12 jährige Sohn der Familie zog sich aus und sprang dann in Unterwäsche ins Wasser. Es war zwar August, aber das Wasser dieser Bergseen erreicht auch im Hochsommer nicht unbedingt eine Temperatur, die einen Menschen dazu verleiten könnte, hier zu baden.

Nach kurzer Spielpause überquerten wir das Höhenplateau und wanderten den steilen Hang des Radsattels in Serpentinen wieder hinunter, durch ein kleines Tal. Hier kommt man auf den Edmund-Lorenz-Weg. Dieser Höhenweg führt auf ungefähr gleichbleibender Höhe zur Wiesbadener Hütte. Vom Edmund-Lorenz-Weg kann man schon bald die Wiesbadener Hütte sehen, die auf 2.443 m Höhe liegt. Wir stiegen den Geröllpfad hinab zur Hütte.

Vor der Hütte angekommen, hörten wir von drinnen lautes Gebell. Wir wollten in die Hütte hineingehen, als wir jedoch im Eingangsbereich standen, stellten wir fest, daß dort zwei junge Männer mit Hunden saßen. Eine Schäferhündin stand unter dem Tisch und bellte. Der zweite Hund war nicht zu sehen, er knurrte nur verhalten. Vor uns war schon ein anderes Ehepaar mit Hund in die Hütte gegangen, und bei diesem Hund hatte die Schäferhündin sich bereits genauso gebärdet. Wir hielten unseren Hund etwas kürzer und gingen dann zügig an dem Tisch vorbei. "Charly" praktizierte das, was er von kleinauf gelernt hatte. Er ging an dem Tisch vorbei, ohne einen Laut von sich zu geben. Besitzt man einen Hund, der keinen anderen Hund in seiner nächsten Umgebung duldet, so sollte man sich in einem Restaurant oder einer Berghütte nicht unbedingt in den Eingangsbereich setzen, wo alle anderen Hundebesitzer zwangsläufig vorbei müssen.

Wir nahmen an einem Tisch außerhalb des Sichtbereiches dieser beiden Hunde Getränke und Essen zu uns. Nach ca. $^1/_2$ Stunde wollten wir wieder aufbrechen. Ich entschloß mich, vorsichtshalber den Hüttenwirt zu fragen, ob es möglich sei, durch den Hinterausgang die Hütte zu verlassen. Ich wollte mit "Charly" nicht unnötigerweise noch einmal in einem geringen Abstand an besagter Hündin vorbei. Während des Essens hatten wir die Hündin noch einige Male bellen hören. Der Hüttenwirt meinte, er würde die beiden jungen Männer ansprechen, der Hintereingang sei verschlossen. Nach einigen Minuten kam der Wirt zurück, um uns mitzuteilen, daß die beiden jungen Männer soeben die Hütte verlassen hätten. Wir nahmen unsere Rucksäcke und traten vor die Hütte. Auf dem Vorplatz standen die beiden jungen Männer in ca. 20 Meter Entfernung und machten sich auch bereit, wieder talwärts zu wandern.

Alle Hunde waren angeleint, und wie das unter Hundebesitzern so ist, kamen wir aus sicherer Entfernung ins Gespräch. Der zweite Hund, den wir vorher im Lokal unter dem Tisch nicht hatten sehen können, war ein Riesenschnauzerrüde. Der Besitzer meinte, der Rüde sei erst 11 Monate alt, und "Charly" würde doch bestimmt mit ihm spielen. Wir gönnten also unseren Hunden das Vergnügen. Die Schäferhündin war immer noch angeleint und stand mit ihrem Besitzer in einiger Entfernung. Sie knurrte die ganze Zeit. Der Riesenschnauzer und "Charly" dagegen spielten miteinander.

Dann kam es zu einer Situation, die wir Menschen mit etwas Verstand hätten vermeiden können. Der Besitzer der Schäferhündin meinte, die Hündin würde sich nur deshalb so verhalten, weil sie sich ausgeschlossen fühle, und wahrscheinlich wolle sie nur mitspielen. Ich gehöre zu den Hundehaltern, die, obwohl sie nur einen kleineren Hund besitzen, in der Regel nicht beim Anblick eines größeren Hundes in Panik verfallen. Generell lasse ich meinem Hund jede Gelegenheit zum Spiel, auch mit wesentlich größeren Tieren. "Charly" wurde noch nie schützend auf den Arm gehoben, und er spielt mit Zwergpudeln ebenso, wie mit Staffordshire Terriern. Er hat ein gutes Sozialverhalten, und genau aus diesem Grund ließ ich mich auch auf diese Situation ein.

Ich glaube, keiner der anwesenden Zweibeiner hat mit dem gerechnet, was dann passierte. Der Besitzer der Schäferhündin machte sein Tier los, um es auch spielen zu lassen. Die Hündin lief ohne auch nur eine Sekunde zu zögern zu "Charly", der immer noch mit dem Riesenschnauzer spielte und die Hündin deshalb nicht sah. Die Hündin sprang auf "Charly" und biß sich zwischen seinen Schulterblättern fest. Sie riß ihn hoch. "Charly" hing mit den Vorderläufen in der Luft und versuchte, sich regelrecht freizustrampeln. Für den Bruchteil einer Sekunde ließ die Hündin los, dann biß sie in die rechte Flanke unseres Hundes, riß ihm einen Büschel Haare am Hinterteil aus und ging dann wieder auf den Nacken los. Diese ganze Geschichte dauerte nur Sekunden, alles ging blitzschnell. Ich bin froh, daß der Besitzer der Hündin seine

Schrecksekunde schneller überwunden hatte, als alle anderen Beteiligten. Glücklicherweise war er in der Lage, seine Hündin von unserem Hund herunterzureißen.

Wir sahen uns gemeinsam die Verletzungen unseres Hundes an. Die Hündin hatte mit dem Eckzahn ein kleines Loch in "Charly`s" rechte Flanke gerissen. Zwischen den Schulterblättern hatte "Charly" einen ca. 2 cm langen Riß, und am Hinterteil war eine Stelle völlig kahl und leuchtete rosa. Das kleine Loch in der Flanke haben wir zu diesem Zeitpunkt gar nicht bemerkt, da es sich auf einer schwarzen Stelle im Fell befand. Die Wunde zwischen den Schulterblättern blutete, und das Blut sickerte durch das an dieser Stelle weiße Fell. Ich verarztete die Wunde zwischen den Schulterblättern mit Mercuchrom. Der Besitzer der Hündin war sichtlich schockiert. Viel größere Sorgen, als der körperliche Zustand, machte mir "Charly`s" psychische Verfassung. Der Hund stand ganz offensichtlich unter Schock. Er wollte nur noch weg. Mit den Besitzern der anderen Hunde sprachen wir kurz eine voneinander getrennte Wegroute ab.

Die Wunde blutete und sah schlimm aus. Aber auch in der Situation entschlossen wir uns, den Hund nicht ins Tal zu tragen. In Panik lief der Hund immer ca. 20 m voraus. Er legte, bis wir an der Bieler Höhe ankamen, auch keine Pausen für Markierungen mehr ein. Andauernd drehte er sich um, als ob er sicher gehen wolle, daß hinter ihm kein Hund käme.

Wir nahmen den Fuhrweg Nr. 313, der von der Wiesbadener Hütte zum Silvretta Stausee und zur Bieler Höhe hinab führt. Der Weg ist nur mäßig steil und gut begehbar. Ab dem südöstlichen Ufer des Sees ist der Weg bis zur Bieler Höhe eben. In dieser Situation hatte ich allerdings kaum Augen für das schöne Panorama, das sich bot. Der Silvretta Stausee ist ein ausgesprochen schöner Bergsee, rundherum eingerahmt von hohen Bergen. Deshalb ist der See ein beliebtes Ausflugsziel, und an den Wochenenden ist der Uferweg völlig überlaufen.

Der Rückweg zum Auto nahm gute $1^1/_2$ Stunden in Anspruch. Am Auto angekommen, war das weiße Fell bis hin zum Bauch blutig. Es sah aber wesentlich schlimmer aus, als es war. Einen Vorwurf für den Vorfall muß ich mir selbst ebenso machen, wie dem Besitzer der Schäferhündin. Eine wichtige Lektion habe ich daraus gelernt. Sehe ich heute jemanden, der mir mit zwei Hunden entgegenkommt, so bin ich vorsichtig. Die beiden Hunde waren zusammen auf der Wanderung, vielleicht kannten sie sich auch sehr gut. Die Schäferhündin war entweder eifersüchtig oder glaubte, den Riesenschnauzer beschützen zu müssen. Wie dem auch sei, wir Menschen tragen die Schuld für solche Vorfälle und zwar zu gleichen Teilen. Auch während der Rückfahrt nach Gaschurn saß uns der Schrecken noch in den Knochen.

Die Gesamtwanderzeit für diesen Rundweg betrug mit mehreren kurzen Pausen 8 Stunden, der Höhenunterschied liegt bei 622 m.

Zuhause angekommen, reinigte ich "Charly`s" Wunden. Ich rieb die verletzten Stellen mit einer entzündungshemmenden Salbe ein. Danach wurde er in seine warme Kuscheldecke eingepackt. Der Hund war völlig erschöpft und schlief sofort ein.

2) Partenen (1.051 m) – Ganifer Alpe (1.447 m) – Verbella Alpe (1.938 m) – Neue Heilbronner Hütte (2.308 m) – gleicher Weg zurück

"Charly`s" Verletzungen rieb ich morgens wieder ein, und der Hund schien wieder ganz "der alte" zu sein. Da es stark bewölkt war und auch der Frühnebel erst sehr spät aus dem Tal zog, fuhren wir erst um 9:15 Uhr los. Wir fuhren von Gaschurn in südöstlicher Richtung nach Partenen. Kurz vor der Mautstelle parkten wir und gingen dann in Richtung Zeinisbach. Der Pfad führt bergan durch Almwiesen und Wald bis zur Serpentinenstraße, die zum Kops Stausee führt. Dann gingen wir in nordöstlicher Richtung, vorbei an der Äußeren und Inneren Ganifer Alpe (nicht bewirtschaftet), immer auf dem Fahrweg bleibend. An der Äußeren Ganifer Alpe überquerten wir den Zeinisbach. Bis zur Inneren Ganifer Alpe verläuft der Weg danach parallel zum Bach.

Kurz hinter der Inneren Ganifer Alpe verlassen wir den Fuhrweg und steigen links über einen serpentinenreichen, steilen Waldpfad weiter bergan. Er verläuft zuerst durch Wald und später durch Almwiesen, immer parallel zum Verbellabach. Wir befinden uns jetzt in einem Höhental mit Blick in nordöstlicher Richtung auf die Fluhspitzen, im Westen auf die Versalspitze (2.407 m).

An einer verfallenen Almhütte machten wir im Gras unsere erste Rast. "Charly", der wieder fit zu sein schien "wie ein Turnschuh", raste im strahlenden Sonnenschein durch die sumpfige Wiese. Bis zur Inneren

Ganifer Alpe ist der Weg auch eine beliebte Route für Mountainbiker. Nachdem wir etwas von unserem Proviant verzehrt und uns ausgeruht hatten, stiegen wir auf dem nun mäßig steilen Pfad bergan. In nordöstlicher Richtung war oberhalb wieder die Fahrstraße zu sehen. Der Pfad führte uns steiler werdend, entlang dem Bett des Verbellabaches, dann vorbei an einem kleinen Wasserfall und schließlich wieder auf den Fahrweg. Bis zur Verbella Alpe waren nur noch ca. 20 Minuten Gehzeit.

Die bewirtschaftete Verbella Alpe liegt auf 1.938 m mit Blick auf die Fluhspitzen und den Tafamunter Augstenberg (2.489 m). Auf der Rückseite der Verbella Alpe liegen die Valschavieler Berge. Vom Kops Stausee zur Verbella Alpe ist der Fuhrweg Mountainbike Route, ebenso wie der Weg Nr. 517, der unterhalb der Valschavieler Berge zu der neuen Heilbronner Hütte führt. Als wir auf den Hof der Verbella Alpe kamen, wurden wir sofort freundlich von Hofhund "Andy" begrüßt. Der mittelgroße Mischling lief schwanzwedelnd hinter "Charly" her. Nach uns kam noch ein Ehepaar mit einem großen Mischlingsrüden namens "Struppi". "Struppi" begrüßte freundlich seine beiden Artgenossen. Wir nahmen auf der Verbella Alpe frische Buttermilch zu uns und wanderten nach einer kurzen Pause weiter. Der nun steiler werdende Geröllpfad führte bergan, vorbei an weidenden Kühen. "Andy" kam noch ein Stück mit uns, drehte dann aber um.

Am Ende der Steigung angekommen, führt der schmale Pfad über Almwiesen und dann in ein wunderschönes Höhental. Rechts hat man jetzt den Blick auf die Fluhspitzen, links auf die Valschavieler Berge. Der Weg Nr. 517 verläuft nun in nordöstlicher Richtung zum Talschluß, immer parallel zum Verbellabach. Inzwischen glaubte "Charly" wohl, er sei ein Hütehund. Immer wenn Kühe auf dem Weg oder zu nahe am Weg standen, lief er bellend darauf zu. Sobald die Rindviecher weitergingen, kam er ganz stolz zu uns zurück, als ob er sagen wolle: "Seht mal, was ich kann!"

Der Weg wird auf der nun geraden Strecke immer breiter. Schon eine ³/₄ Stunde bevor wir die Neue Heilbronner Hütte erreichten, war sie auf einem Hügel am Talschluß gut zu erkennen. Die Anhöhe hinauf zur Hütte, die auf 2.308 m liegt, ist steil. Der Blick von der Hütte ist wunderschön. In nordwestlicher Richtung, direkt vor der Anhöhe, liegen die Scheidseen. Dahinter der Stritt Kopf (2.605 m) und die westlichen Valschavieler Berge. In südöstlicher Richtung schaut man von der Sonnenterrasse auf den Jöchligrat (2.626 m), den Grüner Grat (2.712 m),

Schaftäler (2.738 m) und den Schrotten Kopf (2.889 m). Den Blick in die südwestliche Richtung gerichtet, können wir das Höhental bewundern, durch das wir soeben aufgestiegen sind.

Wir setzten uns draußen auf die Terrasse. Bei einer kleinen Mahlzeit genossen wir den Sonnenschein. Nach ca. $1/2$ Stunde Pause sahen wir, wie rundherum etwas Nebel aufzog und sich der Himmel bewölkte. Da wir ja noch einen gewaltigen Rückmarsch vor uns hatten, entschieden wir uns zum Aufbruch. Es war bereits 15:00 Uhr, als wir aufbrachen. In südwestlicher Richtung gingen wir durch das schöne Höhental zurück Richtung Verbella Alpe. Wir waren bis zu der Kehre gekommen, an der sich der Weg dann kurz in nordöstliche Richtung wendet, als es zu regnen begann. Die letzten steilen Kehren auf dem Geröllpfad hinab zur Verbella Alpe wurde es entsprechend rutschig. Die Wolken wurden immer dunkler, der Nebel dichter, und es begann zu donnern.

Wegen des schlechten Wetters entschlossen wir uns, keine Pausen mehr einzulegen. Von der Kehre oberhalb der Verbella Alpe bis zum Parkplatz in Partenen benötigten wir auf gleichem Weg 3 Stunden. Die Gesamtwanderzeit betrug, bei einem Höhenunterschied von 1.190 m, ca. 9 Stunden.

3) Vermunt Stausee (1.743 m) – Saarbrücker Hütte (2.538 m) – Litzner Gletscher – Litzner Scharte (2.761 m) – Verhupftäli – Klostertal – Silvretta Stausee (2.030 m) – Vermunt Stausee (Rundweg)

Ursprünglich hatten wir geplant, diese Wanderung genau in umgekehrter Richtung zu beginnen, nämlich vom Silvretta Stausee aus. Als wir dann morgens am Silvretta Stausee ankamen, war es so nebelig, daß man vom Ufer aus den See nicht mehr sehen konnte. Die Sichtweite lag schätzungsweise bei 3 Meter. Wir entschlossen uns umzukehren und statt dessen von dem einige hundert Meter unterhalb liegenden Vermunt Stausee die Wanderung zu beginnen. Auf der Fahrt über die Silvretta Hochalpenstraße hatten wir sehen können, daß es am Vermunt Stausee nicht nebelig war.

Wir begannen um 9:00 Uhr die Wanderung vom Vermunt Stausee in Richtung Saarbrücker Hütte. Auf dem Fuhrweg gingen wir durch das Kromertal bergan. Anfangs ist der breite Fuhrweg mäßig steil und verläuft durch das Kromertal parallel zum Kromerbach. Schließlich wird er steiler und serpentinenreich. Es ist kein schwieriger Weg, aber wie alle Fuhrwege, zieht sich auch dieser sehr in die Länge. Der Weg führt dann vorbei an einer alten Zollwachhütte (2.220 m) und über die "Schwarzen Böden" hinauf zur Saarbrücker Hütte. Die gemütliche Hütte liegt auf 2.538 m, und von der Sonnenterrasse bietet sich der Blick auf den gegenüber liegenden Litzner Gletscher mit der Litzner Scharte.

Wie alle Hütten, die auf einem Fuhrweg erreichbar sind, war auch die Saarbrücker Hütte gut besucht. Wir machten auf der Sonnenterrasse eine Pause. Gerade hatten wir uns hingesetzt und angefangen den Proviant auszupacken, als ich oberhalb der Terrasse am Felshang einen Schäferhund einsam auf dem Pfad stehen sah. Nach dem Vorfall mit der Hündin zwei Tage zuvor, war mein Bedarf an Schäferhunden eigentlich für diesen Urlaub gedeckt. Wir sprachen ab, was wir machen sollten, falls der Hund alleine herunterkommen würde. Nach einigen Minuten kamen allerdings sein "Herrchen" und "Frauchen" auch um die Ecke, und mir war sofort wesentlich wohler. Sie setzten sich einige Tische entfernt hin. Nach ca. $\frac{1}{2}$ Stunde brachen wir wieder auf.

Wir hatten mit "Charly" noch nie eine Gletscherbegehung gewagt. Den Litzner Gletscher hatten uns mehrere Wanderer als "Übungspiste" empfohlen, da es einer der wenigen Gletscher ist, der ohne größere Gefahr oder Begleitung durch Bergführer auch von Anfängern begangen werden kann. Wir stiegen also auf dem Fuhrweg wieder ab, bis zu der ersten Kurve. An dieser Kurve zweigt rechts der Geröllpfad ab, der über den Litzner Gletscher führt.

Schon nach wenigen Metern sackte ich bis zur Wade im Schnee ein. Der Hund lief wie verrückt kreuz und quer über die eisige Fläche. Überall überzogen Rinnsale und kleine Bäche das Eis und den Schnee. Die gesamte Fläche schimmerte bläulich im Sonnenlicht. Zwischen den Eis- und Schneefeldern sah man immer wieder unterschiedlich große Gletscherspalten. Der Hund manövrierte sich über die glatte Fläche, als habe er das schon tausend Mal vorher gemacht. Wir hatten uns entschlossen, ihn auch hier nicht anzuleinen. Ich bin fest davon überzeugt, daß er einen wesentlich besseren Instinkt für Gefahren hat, als wir degenerierten Menschen. Er lief nicht neugierig zu den Gletscherspalten hin, sondern umging sie oder sprang darüber. Man muß natürlich dazu sagen, daß wir auch gar nicht weitergegangen wären, wenn wir das Gefühl gehabt hätten, daß es zu gefährlich sei. Die Gletscherspalten waren alle nicht sehr breit oder tief. Wäre der Hund an der Leine gewesen, so hätte sich einer von uns Zweibeinern auf dem Eis und Schnee wahrscheinlich die "Haxen" gebrochen. Sieht man jedoch die Notwendigkeit den Hund anzuleinen, so wäre für Gletscherbegehungen auch die Köperhalfterung und Flexileine anstelle von Halsband und normaler Leine zu empfehlen.

Am Ende der vereisten Fläche führte der Pfad durch Schnee und über Geröll an der Felswand bergan zur Litzner Scharte (2.761 m). Vor uns auf dem Weg befand sich eine Gruppe von sechs jungen Schweizern. Im Nachhinein haben wir oft gesagt, daß wir wahrscheinlich irgendwo umgekehrt wären, wenn wir diese Gruppe nicht vor uns gehabt hätten. Der viele Schnee und das Eis um uns herum, da kann einem schon ganz schön mulmig werden. Es war ein Ansporn, diese sechs vor sich zu haben, und wir hatten Mühe, überhaupt halbwegs mit ihnen Schritt zu halten. Sie liefen sehr zügig auf dem schmalen Pfad den steilen Hang bergan.

Endlich auf dem Joch (Litzner Scharte) angekommen, setzten wir uns zu einer kurzen Rast auf einen großen Felsbrocken. Die Aussicht von diesem Plateau ist überragend. In südlicher Richtung schaut man auf den Großen Litzner (3.109 m), wo sich die Schweizer Grenze befindet.

Blick von der Litzner Scharte oberhalb des Litzner Gletschers auf die umliegenden Gipfel

97

Der Blick schweift im Südosten durch das Verhupftäli auf den Kloster- taler Gletscher. Der Klostertaler Gletscher liegt im Talschluß des Klo- stertales und wird in östlicher Richtung eingerahmt vom Klostertaler Egghorn (3.120 m), Schatten Spitze (3.202 m) und Schneeglocke (3.223 m).

Direkt über dem Klostertaler Gletscher kreiste ein Rettungshubschrau- ber. Unmittelbar unterhalb der Litzner Scharte befindet sich ein kleiner See. Das war "Charly`s" Chance für ein kühles Bad. Der Abstieg von der Litzner Scharte erfolgte durch das Verhupftäli ins Klostertal. Das Verhupftäli ist ein Geröll- und Felstal. Der schmale Pfad führt nun über Geröll und an Felsen vorbei steil durch das Tal abwärts. Der Blick ins Klostertal und auf die umliegenden Berge ist wunderschön. Der Weg durch das Verhupftäli hinunter erfordert auf jeden Fall Trittsicherheit, ist jedoch nicht schwierig zu begehen. Aber da der Weg sehr steinig und schmal ist, muß man sich konzentrieren. Kurz bevor der Weg dann links in einer Kehre in nordöstlicher Richtung in das Klostertal führt, kommt eine Stelle, an der man sich auf einer Strecke von 3 Metern mit den Händen abstützen sollte. Der Weg ist hier vom Regen sehr ausge- waschen, und ein kleines Stück ist abgerutscht. Auch diese Stelle ist mit Geduld und entsprechender Vorsicht kein Problem. Für Ihren Hund übrigens mit Sicherheit noch einfacher zu überwinden, als für Sie.

Hinter der Kehre erblickt man auf der anderen Seite des Klostertales die Klostertalhütte. Wir wandern auf dem schmalen Pfad in nordöstli- cher Richtung, parallel zum Klostertaler Bach, durch das Klostertal. Der Weg wird nun sehr abwechslungsreich und führt durch Wiesen an Felsen vorbei. Nach einiger Zeit hat man dann den Blick auf den unter- halb liegenden Silvretta Stausee (2.030 m).

Wir gehen am westlichen Seeufer in nördlicher Richtung entlang und überqueren schließlich die Staumauer. Auf der anderen Seite der Stau- mauer befindet sich auch direkt die Bushaltestelle. Da wir sehr müde waren, wollten wir nur noch auf dem schnellsten Weg zum Vermunt Stausee zurück. Den Linienbus hatten wir um 5 Minuten verpaßt, und der nächste Bus fuhr erst 50 Minuten später. Wir entschlossen uns, zum Vermunt Stausee zu wandern. Vom Madlenerhaus, das links unterhalb der Staumauer liegt, führt ein Wanderpfad am Berghang entlang zum Vermunt Stausee. Da wir es uns einfach machen wollten, folgten wir der Hochalpenstraße bergab. Entlang der Straße zu laufen ist kürzer, aber sehr unangenehm.

Als wir um 18:00 Uhr in den letzten warmen Sonnenstrahlen am Vermunt Stausee eintrafen, gingen wir alle drei sprichwörtlich "auf dem Zahnfleisch". Selten habe ich mich so sehr auf die Dusche und ein deftiges Abendessen gefreut. Die Gesamtwanderzeit (inklusive Pausen) betrug 9 Stunden, der Höhenunterschied ca. 1.020 m.

4) Gaschurn/Hotel Versettla (1.300 m) – Garneratal (1.570 m) – Garnera Alpe (1.675 m) – Tübinger Hütte (2.191 m) – gleicher Weg zurück

Wir fuhren die Serpentinenstraße am Gundalatschenberg in Gaschurn bergan bis zu dem Hotel/Restaurant Versettla. Das Hotel/Restaurant liegt auf 1.300 m Höhe und bietet einen wunderschönen Ausblick über den ganzen Ort. Wir lassen das Hotel links neben uns und fahren auf der schmalen Serpentinenstraße noch ein Stück weiter. Wir begannen die Wanderung um 9:00 Uhr etwas oberhalb des Hotels auf dem Fuhrweg.

Der Weg führt unter der Versettlabahn her und an einem hübschen Almdorf vorbei. In der Kehre, wo der Weg dann rechts in Richtung Almdorf führt, biegen wir links in den Wald ab. Wir gehen nun auf dem Bergerweg Nr. 4 durch den Wald bergan. An der Stelle, an der dieser Weg wieder aus dem Waldbereich herausführt, bietet sich ein wunderschöner Blick auf die Orte Gaschurn, Partenen und auf die Garneraschlucht mit dem Almdorf Ganeumaisäß. Der schmale Pfad auf dem wir uns befinden, führt in einer Kehre an den Felswänden unterhalb der Waldgrenze entlang.

Von dieser Stelle hat man in nordöstlicher Richtung noch den Blick auf die Garneraschlucht und das Almdorf, in südlicher Richtung kann man einen Teil des Garneratales einsehen. Der Pfad führt noch einen kleines Stück durch Wald bergan und dann wieder auf einen Fuhrweg. Rechts davon folgen wir dem Bergerweg Nr. 2. Dieser schmale Pfad führt nun am westlichen Hang des Garneratales entlang und nach ca. 20 Minuten wieder auf den Fuhrweg. Auf diesem Fuhrweg durchqueren wir das Garneratal, immer parallel zum Garnerabach. Auf der östlichen Seite des Tales sieht man den Schafbodenkopf (2.400 m) und Alpila Kopf (2.345 m), auf der westlichen Talseite Versettla (2.372 m), Knappenberge (2.374 m), Madrisella (2.466 m) und Matschuner Kopf (2.426 m). Direkt unterhalb der Gipfel, auf der westlichen Talseite, vom Garneratal aus nicht sichtbar, verläuft oberhalb der Versettlaweg und Matschuner Gratweg.

Das Tal ist sehr hübsch, links und rechts wechseln sich Almwiesen, schroffe Felswände und Wald ab. Das Rauschen des Garnerabaches und das Läuten der Kuhglocken sind die einzigen Geräusche. Wir hatten traumhaft schönes Wetter. Auf einer Wiese am Bachufer legten wir eine kurze Spiel- und Badepause für "Charly" ein, dann ging es weiter in südlicher Richtung zur Garnera Alpe auf 1.675 m Höhe.

Die Garnera Alpe ist bewirtschaftet. Die Kinder der Bauernfamilie hatten wir schon auf den Almwiesen am Weg herumtollen sehen. Vor dieser Almhütte sitzt man sehr gemütlich. Wir nahmen Frischmilch und hausgemachten Sauerkäse zu uns. Auf der Hütte ist auch eine Hündin, ein Bobtailmischling. Die Bäuerin hielt die Hündin aber in der Hütte. Sie meinte, das Tier sei manchmal etwas "falsch". An der kleinen Almhütte herrschte bei dem strahlenden Sonnenschein reger Betrieb.

Von der Garnera Alpe aus gibt es zwei Aufstiegsmöglichkeiten zur Tübinger Hütte. Sie können auf dem breiten, leicht begehbaren aber etwas längeren Fuhrweg bleiben, der später zu einem Geröllpfad wird und dann über die westliche Talseite zur Tübinger Hütte herauführt. Man kann aber auch den wesentlich kürzeren, aber sehr steilen und schmalen "Sommerweg" (alter Fußpfad) an der östlichen Talseite aufsteigen. Nach ca. $^3/_4$ Stunde Rast entschieden wir uns für den "Sommerweg".

Zuerst überquert man den Hof der Alm an den Kuhstallungen vorbei. Der schmale Trampelpfad führt fast eben und dann mäßig steil durch die Almwiesen parallel zum Garnerabach. Nach ca. $^3/_4$ Stunde Wanderzeit führt der Pfad wieder auf den Fuhrweg, und kurz darauf zweigt links der "Sommerweg" zur Tübinger Hütte ab.

Dieser Felspfad beinhaltet keine ausgesetzten Stellen, er erfordert aber Trittsicherheit, Schwindelfreiheit und Konzentration. An einer Stelle fließt ein kleiner Bach über den Weg talwärts. Der Pfad führt links direkt an der Felswand entlang mit einem imposanten Blick in das Garneratal. Auf dem gegenüberliegenden Gebirgszug sieht man den wesentlich flacher verlaufenden Normalaufstieg. Der "Sommerweg" ist mit Vorsicht und Trittsicherheit gut zu begehen. Bei schlechtem Wetter ist der Weg allerdings nicht zu empfehlen.

Nach $^3/_4$ Stunde auf diesem Pfad erreichten wir die Tübinger Hütte, die auf 2.191 m Höhe liegt. An der Hütte kamen wir um 13:30 Uhr an und legten hier eine wohlverdiente Rast von $^3/_4$ Stunde ein. Danach stiegen wir auf dem "Sommerweg" wieder ab zur Garnera Alpe. Hier genossen wir noch einmal die Sonne. Auf dem Rückweg legten wir keine weiteren Pausen mehr ein.

Beim Abstieg durch das Garneratal zog sich der Himmel immer mehr zu. Um ca. 17:00 Uhr, auf dem letzten Stück des Berger Weges Nr. 4, begann es zu donnern. Wir erreichten das Auto in dem Moment, als die ersten Tropfen Regen fielen. Als wir 10 Minuten später an unserer Unterkunft in Gaschurn ankamen, regnete es bereits in Strömen.

Die Gesamtwanderzeit betrug $8^1/_2$ Stunden, bei einem Höhenunterschied von 1.210 m.

5) Vandans/Parkplatz oberhalb des Ortes (770 m) – Rellstal/Rellskapelle (1.463 m) – Heinrich-Hueter-Hütte (1.766 m) – gleicher Weg zurück

Am Vorabend hatten wir uns entschlossen, heute einmal in einem anderen Gebiet zu wandern. Wir fuhren von Gaschurn in nordwestlicher Richtung durch den Montafon in Richtung Schruns. Kurz vor Schruns biegt man links ab und fährt durch Tschagguns. Vorbei an den Rodundwerken I + II kommt man schließlich nach Vandans. Im Ort biegt man links ab und fährt bis zu dem am Waldrand oberhalb des Ortes gelegenen Parkplatz. Wir wanderten ca. 9:00 Uhr los.

Der Wanderweg, der vom Parkplatz aus parallel zum Bach verläuft, war bedingt durch Erdrutsche, gesperrt. Also nahmen wir den bergan verlaufenden Fuhrweg. Erst steil in Serpentinen, dann mäßig steil und streckenweise eben, verläuft er in westlicher Richtung bis hinauf ins Rellstal.

Der Weg ist einfach, aber unangenehm zu gehen. Auf diesem Fuhrweg beobachteten wir sogar, daß Gäste per Zubringerdienst zur Hütte gefahren wurden. So schön es auch sein mag durch Wälder zu laufen, auf den Fuhrwegen zieht sich die Strecke sehr in die Länge. Das Rellstal entschädigt jedoch für den unangenehmen ersten Teil des Weges. Im Rellstal bietet sich auf der westlichen Seite des Höhentales der Blick auf kleine Almhütten, Almwiesen und die Vandanser Steinwand mit den Gipfeln Kleiner Valkastiel (2.233 m), Großer Valkastiel (2.449 m) und Zimba (2.643 m). Auf der östlichen Talseite richtet sich der Blick auf den "Schattenwald" und den Golmer Bach. Oberhalb liegt die Platzis Alm (1.774 m) und das Platziser Joch (2.170 m).

Man durchquert das Rellstal immer parallel zum Rellsbach. Kurz hinter der Rellskapelle, die auf 1.463 m liegt, biegt der Weg zur Heinrich-Hueter-Hütte rechts ab. An dieser Weggabelung liegt auch der Alpengasthof Rellstal. An dieser Stelle des Höhentales bietet sich der Ausblick auf die umliegenden Berge: Kreuzjoch (2.261 m), Freschluakopf (2.314 m) und Gipsköpfle (1.975 m).

Für den Aufstieg zur Heinrich-Hueter-Hütte gibt es zwei Möglichkeiten. Sie können entweder die gesamte Strecke auf dem Fuhrweg bleiben oder einen schmalen, steilen Pfad querfeldein durch Wiesen und Geröll wählen. Beide Wege sind gut begehbar. Beim Aufstieg entschieden wir uns für den Fuhrweg, der serpentinenreich und mäßig steil durch Wald und Almwiesen verläuft. Er führt zur Vilifau Alpe und der direkt oberhalb der Alpe liegenden Heinrich-Hueter-Hütte. Die Heinrich-Hueter-Hütte liegt auf 1.764 m. Unterhalb der Hütte zweigen verschiedene Höhenwege ab. Wir hatten ursprünglich geplant, über den Saulajochsteig und das Saulajoch (2.065 m) noch zur Douglasshütte zu wandern.

An der Heinrich-Hüter-Hütte legten wir eine Rast ein. Hunde dürfen zwar nicht in die Hütte, sind aber auf der Terrasse erlaubt. Ich ging in die Hütte, um unser Essen zu bestellen. Von innen war die Hütte sehr gemütlich. Als ich wieder hinaus kam, sagte mein Mann, ich solle doch mal um die Hütte herumgehen, da gäbe es etwas, was ich sehen müsse. Ich ging also von der Terrasse herunter. Neben der Hütte war noch ein Schuppen und zwischen beiden Gebäuden eine schmale Lücke. Als ich ungefähr auf Höhe der Lücke angekommen war, schoß plötzlich bellend und knurrend eine Rottweilerhündin auf mich zu. Ich bekam einen ziemlichen Schreck, da man das Tier vorher weder hören noch sehen konnte. Die Hündin hatte zwischen den Gebäuden angekettet gelegen. Sobald sich etwas bewegte, schoß das Tier vorwärts. Mir wird nie ganz verständlich werden, wie Menschen ihre Hunde als Kettenhunde halten können. Wenn das Tier aggressiv oder bösartig ist, so kann man zumindest einen geräumigen Zwinger dafür bauen. Noch besser wäre es natürlich, ein Tier von kleinauf wie einen normalen Wohnungshund zu halten und an andere Menschen und Tiere zu gewöhnen. Für mich ist die Anschaffung eines Hundes unsinnig, wenn ich das Tier nicht als "Rudelgefährten" betrachte, sondern als reines Nutztier.

Während wir auf der Terrasse unser Essen zu uns nahmen, zogen rundherum an den Berghängen Nebel und Bewölkung auf. Von Vandans hierher hatten wir $3^1/_2$ Stunden inklusive kleinerer Pausen benötigt. Es war inzwischen 12:30 Uhr, und bedingt durch die Wetterverhältnisse hielten wir es für angebracht, nicht mehr über das Saulajoch zur Douglasshütte zu wandern, sondern auf gleichem Weg abzusteigen. Es war auch zu spät, denn bis zur Douglasshütte und zurück über das Saulajoch wären es noch ca. 5 Std. Wanderzeit gewesen. Von der Heinrich-Hüter-Hütte hat man den Ausblick auf den Saulakopf (2.517 m), das Saulajoch (2.065 m), die Brandner Mittag Spitze (2.557 m), den Zimba (2.643 m) mit dem Zimbajoch (2.387 m) und den Gr. Valkastiel (2.449 m). Rundherum Geröllmoränen und Felstäler, wie z. B. das Kanzler Täli. Um ca. 13:00 Uhr begannen wir mit dem Abstieg auf gleicher Route.

Um 15:30 Uhr waren wir wieder am Auto. Die Gesamtwanderzeit betrug $6^1/_2$ Stunden, bei einem Höhenunterschied von 1.000 m.

6) Latschau/Lünerseewerk (994 m) – Gauertal (1.200 m) – Untere Sporeralpe (1.531 m) – Lindauer Hütte (1.744 m) – Bilkengrat – Mottabella (1.844 m) – Alpila – Gauertal – Lünerseewerk (Rundweg)

Wir fuhren von Gaschurn aus in nordwestlicher Richtung durch den Montafon bis Tschagguns. Von Tschagguns fahren wir über eine Serpentinenstraße in südwestlicher Richtung bergan nach Latschau und parken das Auto am Lünerseewerk in Latschau. Von hier beginnen wir um 9:30 Uhr mit der Wanderung und folgten der asphaltierten Straße durch den oberen Teil des Ortes in Richtung Gauertal. Der Weg zum Gauertal (Fuhrweg) biegt schließlich rechts ab, immer parallel zum Rasafeibach. An der Stelle, wo sich am Beginn des Gauertales der Fuhrweg gabelt, folgen wir dem Weg Nr. 502 A/02 rechts über den Rasafeibach. Nun führt der etwas schmaler werdende Fuhrweg am Westufer des Rasafeibaches entlang durchs Gauertal. Wir gehen mäßig steil bergan, vorbei an wunderschönen Almhütten, die teilweise gemietet und gepachtet werden können. Die Hütten sind fast alle renoviert und liegen hunderte von Metern auseinander. Für den Urlaub mit Hund hier eine Almhütte zu mieten, ist geradezu ideal.

Vor uns auf dem Weg waren auch Wanderer mit Hund unterwegs. Es war ein deutsches Ehepaar mit einem Boxerrüden. "Charly" und "Boß" verstanden sich offensichtlich sofort, und sie begannen miteinander zu spielen. Wir wanderten ein kurzes Stück zusammen. Ungefähr auf Höhe des Gauertalhauses (Jausenstation) trennten wir uns dann. Wir gingen nun weiter in südwestlicher Richtung auf dem Weg Nr. 502 A. An einer der Almhütten kamen wir mit einer deutschen Familie mit einem Mischlingsrüden ins Gespräch. Ein Stück oberhalb hatte eine österreichische Familie eine der Hütten gepachtet und verbrachte hier den Urlaub mit Kindern, Hunden und eigenen Pferden. Am Ende dieser Almsiedlung kamen wir auf unserem Weg an einem Schuppen vorbei, aus dem wir die schrillen Pfiffe von Murmeltieren hörten. Bei genauem Hinsehen konnten wir erkennen, daß aus den zwei Luken des Schuppens jeweils ein Murmeltier herausschaute.

An der Stelle, wo der Weg zur Latschätzalpe rechts bergan abzweigt, wird nun der Weg Nr. 502 A schmaler. Er führt schließlich als Geröllpfad bergan. In Serpentinen geht es nun steil über Almwiesen und durch Wald bergan, am Rasafeibach entlang und schließlich über Wiesenhänge zur Sporeralpe. Wir gingen über den Hof der Sporer Alpe, weiter dem Trampelpfad folgend. Der Pfad führt oberhalb wieder in den Wald. Dort legten wir eine kurze Rast auf dem Wiesenhang ein und genossen bei strahlendem Sonnenschein den Blick hinunter ins Gauertal.

Nachdem man oberhalb der Sporer Alpe auf dem Weg ein Stück durch den Wald gegangen ist, kommt man nun wieder auf den Fuhrweg, der auf der Ostseite des Gauertales bis zur Lindauer Hütte hinauf führt. Über diesen Fuhrweg wird die Hütte auch versorgt. Direkt unterhalb der Lindauer Hütte befindet sich auch der "Alpengarten" mit seiner wunderbaren Blütenpracht.

An der Lindauer Hütte (1.744 m), die von innen sehr gemütlich ist, machten wir auf der Sonnenterrasse Rast. So viele Hunde wie hier, habe ich bisher auf keiner Berghütte gleichzeitig angetroffen. Am Tisch neben uns saß ein deutsches Ehepaar mit einer Rehpinscherhündin, am Tisch dahinter ein Ehepaar mit zwei Jagdhundmischlingen, dann kam der Tisch, an dem "Boß" mit seinem Rudel Platz genommen hatte, und auf der anderen Seite der Sonnenterrasse saß noch jemand mit Hund. Insgesamt waren hier sechs Hunde versammelt, man hörte aber weder Knurren noch Bellen. Alle lagen oder saßen friedlich bei ihren "Herrchen" und "Frauchen", und sie genossen offensichtlich die Ruhepause.

Nach einer Rast von $^3/_4$ Stunde machten wir uns ausgeruht auf den Weg. Wir hatten uns vorgenommen, ein Stück auf dem Rätikon Höhenweg Nord (Nr. 102) zu gehen, dann über den Bilkengrat und weiter in Richtung Nordost, um dann auf der Ostseite des Gauertales wieder abzusteigen.

Der serpentinenreiche Weg Nr. 102 führt direkt unterhalb der Lindauer Hütte rechts als Geröllpfad durch den Porzalengawald bergab. Dann durchquert der Pfad ein kleines Tal und führt, steiler werdend, unter einer Felswand entlang. Auf der anderen Seite des Tales geht es dann auf dem schmalen, serpentinenreichen Trampelpfad den Hang steil hinauf in den Wald. Als wir an dieser Stelle gerade mit dem Aufstieg begonnen hatten, bekamen wir mit, daß oberhalb in einer Biegung des Weges eine Frau gestürzt war. Die Wanderer, die mit ihr zusammen unterwegs waren, versuchten ihr aufzuhelfen. Im Vorbeigehen hörte ich, wie sie sagte, ihr Rücken täte so weh, und sie könne nicht aufstehen.

Wir wanderten weiter steil bergan. Der Weg ist zwar nicht schwierig, aber steil und rutschig. Trittsicherheit ist erforderlich. Für diesen insgesamt sehr langen Rundweg ist auf jeden Fall auch eine gute Kondition Voraussetzung. Nachdem man aus dem Waldstück wieder heraus ist, geht der Weg dann ebenfalls steil in Serpentinen den Felshang hoch.

Oben auf dem Felshang angekommen, befindet man sich auf dem Bilkengrat und hat einen sehr schönen Ausblick. Man schaut in südlicher Richtung auf die Berge des Rätikon (Schweiz), Drusenfluh (2.827 m), Drei Türme (2.830 m, 2.755 m, 2.489 m), Gamsfreiheit (2.445 m), Kl. Sulzfluh (2.710 m), Drusentor (2.343 m). In östlicher Richtung hat man den Blick auf Verspala (2.443 m) und Schwarzhörn (2.460 m). Während wir diesen Ausblick genossen, hörten wir plötzlich einen Hubschrauber. Der Rettungshubschrauber flog vom Anfang des Gauertales in geringer Höhe Richtung Talschluß. Er schien dann in dem kleinen Gerölltal zu landen, in dem sich beim Beginn unseres Aufstieges zum Bilkengrat die ältere Dame verletzt hatte.

Bei dieser Gelegenheit möchte ich dringend noch einmal zu bedenken geben, bitte für Wanderungen im hochalpinen Bereich nicht an der Ausrüstung sparen und vor allem grundsätzlich Vorsicht und Vernunft walten zu lassen. Wenn man sich hier oben verletzt, so hat das meistens ernste Folgen. Hilfe kann nur aus dem Tal oder von der nächsten Berghütte angefordert werden. Bedingt durch die örtlichen Gegebenheiten kann bis zum Eintreffen der Retter einige Zeit vergehen.

Sie werden vielerorts bei Höhenwanderungen sogenannte "Steinmannerl" finden. Meist an Geröll- und Felspfaden. Diese "Steinmannerl" werden von Wanderern aufgebaut. Es ist üblich, wenn man an einem "Steinmannerl" vorbeikommt, einen Stein hinzuzufügen. Die "Steinmannerl" dienen der Orientierung. Da auf den Felspfaden die Wegmarkierungen mit Farbe auf Steinen oder Felsplatten angebracht sind, und sie z. B. vom Schnee verdeckt sein könnten, bieten die kleinen Steinhügel Orientierungshilfe.

Der Weg verläuft nun als schmaler Trampelpfad, mal bergauf und mal bergab, hoch über die Ostseite des Gauertales. Er führt entlang unterhalb dem Schwarzhorn (2.460 m), Schwarzhornsattel (2.166 m), Walser Alpjoch und Tschaggunser Mittagspitze (2.168 m) in nordöstlicher Richtung. Dabei geht man an Felswänden entlang, durch Geröllmoränen und über Almwiesen. An der Alpila, einer kleinen, bewirtschafteten Almhütte, legten wir beim Abstieg noch eine Rast ein. Wir tranken Frischmilch und kauften noch eingelegten Käse.

Von der Alpila aus nahmen wir den in der Kehre direkt unterhalb der Almhütte beginnenden Pfad. Dieser schmale Wald- und Wiesenpfad verläuft sehr steil querfeldein direkt hinunter ins Gauertal. Es befinden sich auf dem Weg keine ausgesetzten Stellen oder Sicherungen. Der Weg ist allerdings bedingt dadurch, daß er sehr steil und serpentinenreich ist und außerdem teilweise von Baumwurzeln durchzogen ist, schwieriger zu begehen. Konzentration und Trittsicherheit sind erforderlich. Der Weg endet in den Almwiesen auf der Ostseite des Gauertales und stößt dort wieder auf den Fuhrweg. In nordöstlicher Richtung gehen wir auf dem Fuhrweg zurück zu der Stelle, an der sich der Weg ins Gauertal gabelt. Von dort geht es dann weiter zurück zum Ort.

Wir waren schon wieder auf der asphaltierten Straße am oberen Ortsrand, als ich einen Schäferhund entdeckte, der uns aus der Einfahrt eines Hotels folgte. Da ich "Charly" natürlich an der Straße wieder angeleint hatte, ließ ich sofort die Leine fallen. Ich ging normal weiter und versuchte unseren Hund davon zu überzeugen, daß er mitkommen solle. Daran war aber gar nicht zu denken. "Charly" drehte sich um und lief langsam zurück, dem Schäferhund entgegen. Er ging schnurstracks auf ihn zu, beschnüffelte ihn und wollte ihn dann zum Spielen überreden. Soviel Dreistigkeit war dem älteren Rüden wohl nicht ganz geheuer, er schnüffelte noch einmal und trottete dann zum Hotel zurück.

Um 17:30 Uhr waren wir wieder am Lünerseewerk. Die Gesamtwanderzeit betrug, bei einem Höhenunterschied von 850 m (inklusive der Pausen), 8 Stunden.

7) St. Gallenkirch (878 m) – Zamang Alpe (1.855 m) – Zamang Spitze (2.386 m) – Wormser Höhenweg – Kreuzjoch (2.389 m) – Wormser Hütte (2.305 m) – Schruns (690 m) – per Linienbus zurück nach St. Gallenkirch

Wir fuhren mit dem Pkw von Gaschurn in nordwestlicher Richtung nach St. Gallenkirch. Auf einem Parkplatz an der Hauptstraße stellten wir den Pkw ab und wanderten dann durch das am Ortsrand liegende Wohngebiet "Äußere Ziggam". Nach ca. 15 Minuten Gehzeit erreichten wir die Stelle des Waldrandes, an der sich der Sponaweg schmal, steil und serpentinenreich durch den Wald aufwärts windet.

Der Waldweg ist zwar sehr schön, aber er ist auch sehr anstrengend. Nach ca. ³/₄ Stunde Gehzeit stößt der Sponaweg dann auf den Zamangweg (Fuhrweg). Wir folgen den Serpentinen des Zamangweges aufwärts bis zur Tanafreida Almsiedlung. Auch hier können Almhütten gemietet oder gepachtet werden. Nun geht man vom Fuhrweg ab und überquert die Almwiesen, um dann auf einem schmalen Pfad oberhalb weiter aufzusteigen. Wir blieben auf dem Pfad, bis dieser wieder auf den Zamangweg stieß und gingen dann den Rest des Weges zur Zamang Alpe auf dem Fuhrweg weiter. Der Zamangweg ist mäßig steil und nicht schwierig, aber die insgesamt 2¹/₂ Stunden Wanderzeit zur Zamang Alpe ziehen sich auf diesem Wege sehr hin.

An der Zamang Alpe angekommen, hatten wir uns die erste Rast redlich verdient. Wir bestellten hausgemachte Buttermilch und Käse. Der Blick in nordöstlicher Richtung auf das oberhalb der Lawinensicherungen liegende Grasjoch (1.975 m), Scheimersch (2.420 m) und Roßberg (2.381 m) und einen Teil des östlichen Montafon. In westlicher Richtung reicht die Sicht bis auf die Vororte von Schruns, und im Südwesten schaut man auf den Motadenser Kopf (2.041 m), Alpilakopf (2.255 m), Äußerer Gweilkopf (2.406 m) und Gweil Spitze (2.187 m). Der kleine Sohn der noch sehr jungen Wirtsleute war von "Charly" ganz begeistert, und er wich dem Hund kaum noch von der Seite. Stolz erzählte er uns, daß seine Eltern ihm versprochen hätten, auch einen Hund anzuschaffen. Mit "Charly" machte ich einen kleinen "Ausflug" in den

Schweinestall. Er stand vor den Boxen und sah sich neugierig die Tiere an.

Von der Zamang Alpe wanderten wir nach $^1/_2$ Stunde wieder weiter. Ursprünglich wollten wir von hier zum Grasjoch oder zur Zamang Spitze. Der Weg zum Grasjoch war allerdings wegen Sprengarbeiten gesperrt. Zurück zum Ort wollten wir aber auch noch nicht. Also entschlossen wir uns, bis zum Beginn des Aufstieges zur Zamang Spitze auf dem Weg zu bleiben und dann umzukehren. Oberhalb der Zamang Alpe wird der Weg nun wieder sehr schmal. Zuerst führt er noch über Wiesen, und schließlich windet er sich als Geröllpfad steil und serpentinenreich hinauf zur Zamang Spitze. Hier, unterhalb der Zamang Spitze auf dem Höhenplateau, glaubt man sich wieder in die Urzeit zurück versetzt. Bis zum Wegstück unterhalb des Aufstieges zur Zamang Spitze benötigten wir von der Zamang Alpe $1^1/_2$ Stunden.

Wir sahen von einer Besteigung der Zamang Spitze (2.386 m) ab, da der Weg zur Spitze sehr steil durch Geröll und Schutt führt, und wir uns nicht sicher waren, ob der Hund das schaffen könne. Statt dessen liefen wir unterhalb der Spitze auf einer Höhe von 2.323 m auf dem schmalen Geröllpfad weiter.

Auf dem Wormser Höhenweg; Teilstück von der Zamang Spitze zur Wormser Hütte

Wir überlegten während einer kurzen Pause, noch auf dem Wormser Höhenweg bis zur Wormser Hütte zu wandern und dann von dort per Gondel nach Schruns zu fahren. Von Schruns fährt bis spät nachmittags ein Linienbus zurück nach St. Gallenkirch. Über einen kleinen Grat kommt man schließlich auf den Wormser Höhenweg (502A/02). Diesem Weg folgt man nun, ohne große Höhenunterschiede an Skipisten und Liftanlagen vorbei, in nordwestlicher Richtung. Der Ausblick auf die Skipisten im Nordosten ist sehr öde. Im Westen schaut man auf den Laubkopf (2.122 m) und auf das Kreuzjoch (2.395 m). Nach ca. $^3/_4$ Stunde erreicht man die Wormser Hütte, die auf 2.305 m liegt. Von der Wormser Hütte bot sich eine sehr schöne Aussicht. In nördlicher Richtung schaut man auf die Vordere Kapellalpe. Im Osten fällt der Blick auf den Schwarzsee, das Mittagsjoch (2.363 m) und das Hochjoch (2.520 m). Sieht man in die südliche Richtung, so erkennt man das Kapelljoch (2.469 m) und Kreuzjoch (2.395 m). Im Westen rundet der Blick auf den Montafon und den Ort Schruns mit den umliegenden Bergen das Panorama ab.

Wir machten an der Wormser Hütte eine Pause von $^1/_2$ Stunde. Die Hütte ist auch von innen sehr gemütlich, Dadurch, daß sie an einem interessanten Höhenweg liegt und per Gondel erreichbar ist, ist sie auch sehr gut besucht.

Um 15:30 Uhr mußten wir aufbrechen, um die Gondel nach Schruns nicht zu verpassen. Man kann von der Wormser Hütte mit dem Sessellift bis zur Bergstation der Hochjochbahn abfahren. Da sich aber sehr viele Wanderer auf den Weg zum Sessellift begaben, machten wir uns auf den Weg durch die Vordere Kapellalpe zum Sennigrat. Man geht auf dem serpentinenreichen Geröllpfad durch die Lawinensicherungen und unter dem Sessellift her, hinab zur Bahnstation der Hochjochbahn.

Wir hatten Glück und erwischten noch die abwärts fahrende Gondel. Die Mitnahme des Hundes in der Gondel war erlaubt. "Charly" war vorher noch nie in einer Gondel mitgefahren. Die Geräusche der Bahn machten ihn offensichtlich etwas ängstlich, aber er blieb ruhig. Die Gondel fährt sehr steil abwärts, und der Ausblick ist streckenweise alles andere, als beruhigend. Nach kurzer Fahrtzeit hatten wir die Gondelstation in Schruns erreicht.

Wir erkundigten uns bei Passanten nach dem Weg zum Busbahnhof, der sich auch am Bahnhof befindet. Nach ca. 5 Minuten Wartezeit kam auch schon der Bus. Für "Charly" ist die Fahrt in einem vollbesetzten Bus kein Problem, da er das von Zuhause gewöhnt ist.

Als der Bus vorfuhr, entdeckte ich am Bus ein Schild, auf dem ein Hund mit Maulkorb abgebildet war. Hunde dürfen hier nur mit Maulkorb auf dem Bus mitfahren. Wir stiegen mit "Charly" an der Leine ein, und ich war schon gespannt, ob der Busfahrer etwas sagen würde. Wir waren todmüde, und mit Hund und zwei schweren Rucksäcken im Bus, das war alles schon kompliziert genug. Wir bezahlten unsere Fahrkarten, der Fahrer händigte sie kommentarlos aus. Wir suchten uns Sitzplätze und kamen 25 Minuten später in St. Gallenkirch an.

Um ca. 17:30 Uhr waren wir am Parkplatz. Die Gesamtwanderzeit, Gondel- und Busfahrt natürlich eingerechnet, betrug 8^1/$_2$ Stunden. Der zu überwindende Höhenunterschied im Aufstieg betrug 1.427 m.

8) Seetal – Lünerseebahn /Talstation (ca. 1.700 m) – Lüner See (1.970 m) – Totalphütte (2.385 m) – gleicher Weg zurück

Von Gaschurn fuhren wir mit dem Pkw um 7:30 Uhr Richtung Brand/Brandner Tal, in nordwestlicher Richtung bis zum Taleingang des Montafon. Von Bludenz folgen wir den Verkehrsschildern Brand/Brandnertal. Die Serpentinenstraße ins Brandner Tal ist bis zu dem Ort Brand sehr gut ausgebaut. Erst führt sie durch Wald und schließlich ins Brandner Tal. Wir fuhren durch den Ort Brand ins Seetal bis zum Parkplatz der Lünerseebahn (Gondel). Hier ergatterten wir um 9:00 Uhr morgens einen der letzten drei freien Parkplätze. Bautrupps arbeiteten am Rande der Straße, um für die nächste Saison an den Seitenrändern weitere Parkplätze zu schaffen.

Anstatt die Gondelbahn in Anspruch zu nehmen, stiegen wir über den "Böser Tritt Steig" auf zum Lünersee. Der Weg trägt diesen Namen nicht umsonst. Zuerst führt der schmale Steig rechts vom Parkplatz der Gondelbahn Talstation durch Sträucher und Gestrüpp aufwärts. Der Pfad ist extrem steinig, schmal und serpentinenreich. Nach wenigen Minuten führt der Geröllpfad dann ohne Serpentinen an der Felswand entlang. Trittsicherheit und Schwindelfreiheit sind auf jeden Fall erforderlich. Kleine Rinnsale und Bäche laufen quer über den Steig und machen ihn streckenweise rutschig. Man folgt den wenigen Kehren auf dem steilen Pfad. Auf einem Stück des Weges befinden sich auf einer

"Charly" auf dem seilgesicherten Stück des "Böser Tritt Steiges" von der Lünerseebahn hinauf zum Lünersee.

Strecke von schätzungsweise 100 m Seilsicherungen. Da der Weg hier bedingt durch einen Bachverlauf sehr rutschig werden kann und er hier auch nicht über Geröll, sondern über Felsstücke führt, ist es schon ratsam, sich an den Seilsicherungen festzuhalten. Für den Hund stellte das kein Problem dar. Der Blick hinunter zur Lünerseebahn/Talstation ist von dieser Stelle aus schwindelerregend. Auf der gegenüberliegenden Seite der Felswand sehen wir Kletterer im "Klettergarten" beim Aufstieg.

Das letzte Stück dieses Weges führt dann wieder serpentinenreich durch den steinigen Wiesenhang bergan. Am Ende des Steiges hat man den Blick auf den Lünersee (1.970 m). Man kann jetzt in 5 Gehminuten links auf breitem Schotter/Kiesweg die Douglasshütte erreichen. Wir zogen es vor, die Douglasshütte zu meiden, da uns auf vorangegangenen Touren viele Wanderer erzählt hatten, wie überfüllt die Hütte sei. Statt dessen wendeten wir uns auf dem breiten Uferweg nach rechts. Wir liefen ein kurzes Stück am Seeufer entlang, und "Charly" ging schwimmen.

Hier erlebten wir dann auch das bisher einzige Mal im Ausland, daß uns jemand wegen dem Hund beschimpfte. Man muß dazu sagen, daß der Lünersee ein beliebtes Ziel für Angler ist. Wir hatten eine Stelle ausgewählt, an der "Charly" etwas seichter ins Wasser gelangen konnte. 50 Meter links von uns saß ein einzelner Angler. Als er den Hund schwimmen sah, regte er sich auf und meinte, wir sollten mit dem Köter verschwinden. Ich bin kein Mensch, der so etwas einfach hinnehmen kann, es sei denn, ich befinde mich im Unrecht. Am Lünersee befinden sich weder Verbotsschilder, noch sind hier Schwimmer, die sich von dem Hund gestört fühlen könnten. Die wenigen Angler verteilen sich um den großen Bergsee. Der Bergsee ist weder ein reines Angelgewässer noch Privateigentum, und "Charly" war so weit von dem Angler entfernt, daß er ihn überhaupt nicht stören konnte. Deshalb konnte ich mir auch nicht verkneifen, dem Mann zuzurufen, daß der See vielleicht für ihn und den Hund groß genug sei. Wenn er aber der Meinung sei, Österreich ist für ihn und unseren Hund schon zu klein, dann könne er nach Alaska auswandern. An anderen Stellen des Sees ließen wir den Hund dann noch mehrmals ohne Probleme schwimmen.

Fast am südöstlichen Ende des Sees angekommen, biegt dann rechts der Geröllpfad zur Totalphütte ab. Der schmale Geröllpfad führt an der Bergwand entlang und später in Serpentinen durch Schutt- und Geröllmoränen aufwärts. Er ist nicht schwierig, aber, da der Weg sehr steinig und schmal ist, beschwerlich. Dies war in diesem Urlaub die letzte Bergtour, und es war deutlich spürbar, wie sehr die Kondition am Ende nachläßt. Wir machten nach ca. ³/₄ Stunde auf einem kleinen Plateau Rast.

Als wir aßen und tranken, erschienen auf dem Weg zwei Ehepaare. Hechelnd und stöhnend kamen Sie auf das Plateau zu. Beim ersten Anblick war deutlich, daß sie keine Bergwanderer sind und mit der Seilbahn heraufgekommen sein mußten. Die beiden Frauen trugen Jogginganzüge und Turnschuhe. Die Männer trugen ebenfalls keine Wanderkleidung, sondern Tuchhosen, Oberhemden und normale Halbschuhe. Einer der Männer trug eine "Aldi" Plastiktüte. Die Frauen blieben auf dem Plateau, um nach kurzer Rast von dort wieder hinunter zum See zu gehen. Die beiden Männer gingen weiter. Ihrer Bekleidung nach zu urteilen, waren Sie definitiv nicht auf eine Bergtour eingestellt.

Wir brachen nach ca. 20 Minuten Rast auch wieder auf. Der schmale Weg war auch deshalb unangenehm zu gehen, weil viele Wanderer unterwegs waren. Da jeder ein anderes Gehtempo hat, mußte man laufend überholen. Das ist bei einem Aufstieg schon beschwerlich, weil man sein eigenes Tempo für das Überholmanöver ja kurzfristig erhöhen muß. Je öfter das passiert, um so schneller ermüdet man natürlich. Das eigene Tempo den langsamen Wanderern vor einem anzupassen bringt allerdings auch nichts, zumal dann, wenn es sich um Seilbahntouristen handelt, die alle 5 Minuten stehen bleiben, um die Aussicht zu genießen. Mit dem Hund ist das auch nicht unproblematisch, da er natürlich zügig weiterläuft, und dann plötzlich zehn Personen zwischen uns und dem Hund gehen.

Der Weg windet sich schließlich durch Felsplatten aufwärts, zwischen denen schon etwas Schnee liegt. Nachdem ein kleines Tal durchquert und zwei weitere Kehren auf dem Weg überwunden sind, steht man dann an der Totalphütte. Die Hütte ist auch von innen sehr gemütlich, zum Kauf von Getränken oder Essen muß man sich allerdings an einem "Schalter" anstellen.

Wir nahmen, wie auf den meisten Hütten, auf der Sonnenterrasse Platz und legten eine Pause ein. Ich war gerade dabei, meinen "Landjäger" (Dauerwurst) mit "Charly" zu teilen, da sah ich die beiden Männer die Terrasse betreten, die in Tuchhose und Halbschuhen hierher gewandert waren. Der eine Mann hielt sich immer noch an seiner "Aldi" Tüte fest, aber mit der anderen Hand umklammerte er nun ein Bier.

Die Terrasse der Totalphütte war hoffnungslos überfüllt. Uns gegenüber saß noch ein deutsches Ehepaar mit einem mittelgroßen Mischlingsrüden; der Hüttenwirt selbst besitzt eine Schäferhündin, die sich allerdings in der Hütte aufhielt. Von den zwei Terrassen der Totalphütte bietet sich der Ausblick auf die Tote Alp, Kanzelköpfe (2.402 m, 2.442 m) und Kanzeljoch (2.410 m), Schesaplana (2.965 m), Felsenkopf (2.835 m), Zirmenkopf (2.805 m) und Seekopf (2.698 m). Nach ca. $^3/_4$ Stunde brachen wir wegen der Menschenmengen wieder auf.

Zurück ging es auf dem gleichen Weg wie beim Aufstieg. Wir legten beim Abstieg nur noch eine kurze Rast ein und ließen den Hund nochmals im Lünersee baden. Dann ging es über den "Böser Tritt Steig" wieder zur Talstation der Lünerseebahn. Um 15:00 Uhr waren wir wieder am Auto. Die Gesamtwanderzeit betrug 6 Stunden bei einem Höhenunterschied von ca. 680 m. Als wir um ca. 17:30 Uhr wieder in Gaschurn ankamen, zog ein Gewitter auf. Bei dem Wetter fällt der Abschied morgen leichter.

Kurze Wanderungen für Pausentage

1) Umwanderung des Silvretta Stausees (2.030 m)

Sie fahren über die Silvretta Hochalpenstraße, bis hinauf zum Silvretta
Stausee. Man überquert die Staumauer und geht dann auf dem Pfad am
Westufer des Sees entlang. Am Anfang des Klostertales können Sie
noch ein Stück in das hübsche Höhental hinein wandern und dort im
Freien ein Picknick machen. Oder Sie gehen noch um das Südende des
großen Stausees, bis zu der Abzweigung ins Ochsental.
Hier können Sie über den einfach begehbaren Fuhrweg (Nr. 313) nach
ca. 1½ Stunden Wanderzeit die Wiesbadener Hütte erreichen. Der Geh-
weg auf der Ostseite des Sees (Nr. 313) ist breit und sehr gut begehbar.
Der See wird eingerahmt von Schatten Kopf (2.654 m), Kresperspitze
(2.620 m), Kl. Vallüla (2.643 m) und Vallüla (2.813 m) im Norden. Im
Westen liegen die Lobspitzen (Kl. 2.760 m, Vord. 2.835 m und Mittl.
2.799 m). Am Südufer liegt die Kl. Schattenspitze (2.703 m), und am
Ostufer bilden Hohes Rad (2.934 m) der Radkopf (2.751 m) den Abschluß.

Möchten Sie nur den See umwandern, so bieten sich am Nordende des
Sees drei Lokale zu einer abschließenden Rast an. Der Silvretta Stausee
ist vor allem an Wochenenden ein beliebtes Ausflugsziel, auch für Bus-
touristen. Dem Massentourismus kann man hier leider nicht aus dem
Weg gehen.

2) Teil-Umwanderung des Vermunt Stausees (1.743 m)

Wir parkten das Auto am nördlichen Ende des Stausees. Nach Überquerung der kleinen Staumauer gingen wir dann erst am Westufer des
Sees auf dem Wiesenpfad entlang. Am Vermunt Stausee herrscht weniger Betrieb, als an dem höher gelegenen und größeren Silvretta Stausee. Dafür halten sich am Vermunt Stausee sehr viele Angler auf. Ein
abwechslungsreicher Pfad führt am Westufer entlang, das eingesäumt
wird von der Tschambreu Spitze (2.604 m), Stritt Kopf (2.745 m) und
Hochmaderer (2.823 m). Am Südufer können Sie ins schöne Kromertal
wandern oder über eine kleine Brücke auf die Ostseite des Sees. Hier
führt der Weg nicht mehr am Ufer entlang, sondern an der Silvretta
Hochalpenstraße.

3) Partenen (1.051 m) – Tafamunt Alpe (1.550 m)

Sie können vom Ort Partenen entweder die Tafamuntbahn bis auf 1.501 m benutzen (nur Sommerbetrieb) und dann den Rest der Strecke zur Jausenstation auf dem Wanderweg zurücklegen, oder Sie gehen von Partenen aus auf dem Wanderweg hinauf, der beim Kops Werk beginnt.

4) Partenen (1.051 m) – Kops Stausee (1.809 m) – Zeinisjochhaus (1.822 m)

Verlauf der Wanderung bis zur Inneren Ganifer Alpe wie unter Höhenwanderung Nr. 2 beschrieben. Ab dort weiter der Fahrstraße folgend hinauf zum Kops Stausee. Der See kann umwandert werden, am nördlichen Ende des Sees liegt das Zeinisjochhaus auf 1.822 m. Hier können Sie einkehren.

Tagestouren mit dem Auto

Sehenswürdigkeiten für Schlechtwettertage

Bedingt dadurch, daß wir extremes Glück mit dem Wetter hatten und deshalb viele lange und anstrengende Touren machten, unternahmen wir von Gaschurn nur einen Ausflug.

1) Tagesausflug nach Schruns

Wir fuhren durch den Montafon in nordwestlicher Richtung nach Schruns. Das Örtchen hat einen hübschen Ortskern mit vielen Geschäften und Cafés. Für einen Ruhetag mit Einkaufsbummel oder Biergartenbesuch genau das Richtige.

Kapitel 5

Dieses Kapitel enthält Angaben zu den Urlaubsorten, hundefreundlichen Unterkünften und Restaurants, außerdem Informationen zu Tierärzten und Fremdenverkehrsbüros. Auf jeden Fall sollten Sie bei Reservierung den Hund angeben, lassen Sie sich die Reservierung grundsätzlich schriftlich (unter Erwähnung des Hundes) bestätigen. In allen genannten Urlaubsorten stellten wir fest, daß es grundsätzlich angebracht war, für das Abendessen einen Tisch zu reservieren.

a) Sand in Taufers/Südtirol

Sand in Taufers gehört zur Provinz Bozen und liegt auf einer Höhe von 865 m im Tauferer Ahrntal an der Ahrn. Der Ort hat 4.000 Einwohner und liegt im Tauferer Boden, ein 13 km langer Talkessel nördlich von Bruneck. Der Ort hat einen hübschen Ortskern mit vielen Geschäften und Lokalen. Alles, was man im Urlaub dringend benötigt, finden Sie hier am Ort vor: Apotheke, Arzt, Tierärztin, Postamt, Bergführer, Tiergeschäft, Lebensmittelgeschäft, Bäckerei, Tankstelle, Autowerkstatt, Bank und Fremdenverkehrsbüro. Obwohl Südtirol zu Italien gehört, wird überall deutsch gesprochen. Zu jeder Jahreszeit ist Freizeitgestaltung mit Hund möglich. Im Frühjahr, Sommer und Herbst flache und hochalpine Wanderungen, im Winter Skiwanderungen und Skilanglauf (auch Abfahrtski). Sehenswürdigkeiten am Ort: Schloß Taufers, Kirche Maria Himmelfahrt und Koflruine.

Wegen der chronischen Gastritis unseres Hundes, mußten wir die Hilfe der Tierärztin in Sand in Taufers in Anspruch nehmen. Wir waren mit der Ärztin sehr zufrieden (seinerzeit einzige Tierärztin am Ort, Adresse bitte beim örtlichen Fremdenverkehrsamt erfragen).

Wir mieten grundsätzlich Ferienwohnungen, weil man dann einfach ungebundener ist, als in einem Hotel. Der Aufenthalt in einer Ferienwohnung ist generell unkomplizierter, da man nicht ständig mit dem Tier durch einen Rezeptionsbereich mit vielen Menschen gehen muß. Da in vielen Hotels der Hund nicht mit in den Speisesaal gebracht werden darf, schalten Sie mit einer Ferienwohnung das Problem aus. Wir kochen im Urlaub nicht selbst, sondern essen abends in Restaurants. Hierzu wählen wir grundsätzlich nur Lokale aus, in denen der Hund erlaubt ist. Das Frühstück nehmen wir in unserer Wohnung zusammen mit "Charly" ein. Eine Mittagsmahlzeit ist für uns während eines Bergwanderurlaubes bedeutungslos, da wir zu der Tageszeit unterwegs sind. Eine Ferienwohnung bietet auch den Vorteil, daß man abends nicht auf einen Aufenthaltsraum zum Fernsehen angewiesen ist. Hat man das Bedürfnis, abends noch einen Kaffee zu trinken, so kann man sich den in den "eigenen vier Wänden" zubereiten und muß nicht hinunter ins Restaurant oder an die Bar.

Hundefreundliche Unterkunft: In Sand in Taufers wohnten wir in der Residence Auriga, Bauergasse 18, I-39032 Sand in Taufers, Tel.: 0039-474-678232 (Familie Fuchsbrugger). Die Familie Fuchsbrugger hat selbst eine Katze, die sich im Haus frei bewegt.

Die Ferienwohnung bestand aus einem Wohnraum, Kochnische, abgetrennter Schlafraum, Bad mit Dusche/WC und Balkon. Ausgestattet war die Wohnung mit allem, was man im Urlaub benötigen könnte. Der Wohnraum war sehr hübsch eingerichtet. Alle Möbel modern und in hellem Holz gehalten. Der Wohnraum war eingerichtet mit einer großen Schlafcouch, Couchtisch, Eßecke, 2 gr. Kleiderschränken. In der Küche war Toaster, Kaffeemaschine, Herd, Kühlschrank, Geschirr etc. vorhanden (kein Geschirrspüler oder Mikrowelle). Die Wohnung verfügte über Telefon und Fernsehen. Handtücher, Küchenhandtücher, Bettwäsche und Toilettenpapier wurden gestellt. Das Schlafzimmer war ein separater Raum. Der Hund wurde in diesem Haus nicht extra berechnet. Das Haus liegt in ruhiger Lage im Ort Sand, und man ist in wenigen Gehminuten mit dem Hund im Grünen oder im Ortskern zum Einkaufsbummel. Residence Auriga verfügt über Sonnenbank, Fitneßraum und Sauna.

Mit dem Hund ist man innerhalb von 10 Minuten (über die Ahrn) an Flächen, wo er sein Geschäft verrichten kann. In Sand in Taufers begegnen Ihnen einige freilaufende Schäferhunde. Direkt gegenüber von der Residence Auriga liegt eine Gärtnerei und Pension, hier lebt ein Prachtexemplar dieser Rasse. Der Hund verläßt aber normalerweise nicht das Grundstück.

Verkehrsverband Sand in Taufers, I - 39032 Sand in Taufers, Tel: 0039-474-68076, Telex: 0039-474-400439.

Hundefreundliche Restaurants und Lokale am Ort

"Gasthof Stern", hauptsächlich frequentiert von Einheimischen, nicht hübsch oder gemütlich, eher Kneipenatmosphäre, für ein Bierchen vor dem Schlafengehen genau richtig
.

Gasthof/Restaurant "Alpenrose", das Restaurant war ganz nett, das Essen durchschnittlich. Der Service war nicht besonders, unsere Gerichte wurden nacheinander, anstatt zusammen, serviert.

Restaurant/Gasthof "Zur alten Mühle", das Restaurant ist sehr gemütlich und rustikal, der Service ist gut und das Essen vorzüglich. Besonders zu empfehlen die Schweinshaxe (die man nur mit 24 stündiger Vorbestellung bekommt), Kaiserschmarrn, Zwiebelrostbraten und Eis mit Eierlikör, Krokant und Sahne.

Pizzeria "Zum Turm", große Auswahl an Pizza, das einzige Restaurant am Ort, das bis 24:00 Uhr geöffnet hat. Gemütliche Räumlichkeiten, Essen und Service gut.

"Gasthof Plankensteiner", das Restaurant verfügt über mehrere Räumlichkeiten, bestehend aus drei schönen, gemütlichen Stuben und einem großen, nicht so gemütlichen Eßsaal. Das Essen ist vorzüglich und der Service gut. Besonders zu empfehlen: Tiroler Platte, Graupensuppe mit Speck, Bündner Fleisch, Eis mit heißen Himbeeren, Polenta mit Gorgonzola, Lauchcremesuppe. Hier erlebte "Charly" den ersten Heimatabend seines Hundelebens. Immer, wenn die Musikergruppe Applaus erntete, klatschte "Charly" auf seine Art mit. Er begleitete das Klatschen die ersten Male mit seinem Bellen.

"Hotel Elefant", eines der ältesten Hotels am Ort, sehr gemütliches Restaurant, die Räumlichkeiten sind sehr rustikal. Die Besitzer kümmern sich selbst um die Gäste. Die Küche und der Service sind sehr gut. Zu empfehlen: Spinat Spätzle mit Schinken u. Käse, Teigtaschen gefüllt mit Spinat und Schinken, Makkaroni Hirtenart, Saftgulasch mit Knödeln.

"Spagettheria Daimer", Spezialität des Hauses sind italienische Nudelgerichte und verschiedene Arten Pizza. Besonders zu empfehlen: Makkaroni a rabiata (sehr scharf), Tagliatella mit Pilz-Sardellensoße, Milzschnittensuppe, Tagliatella Maison, Hirtenmakkaroni. Räumlichkeiten und Service sind o.k.

"Spanglerhof", sehr gemütlich und rustikal, der Service und das Essen waren sehr gut, die Preise aber auch höher, als in den vorab genannten Lokalen. Zu empfehlen: Rehkitzkeule mit Rotkraut, frittierten Pilzen und Kroketten, Cordon bleu.

b) Sulden/Südtirol

Sulden liegt im Suldental am Suldenbach und gehört zur Provinz Bozen. Der Ort hat 320 Einwohner und liegt auf einer Höhe von 1.500 bis 1.907 m Höhe (Außersulden 1.500 m / Innersulden 1.907 m). Im Ortskern (Innersulden) sind die notwendigen Dinge vorhanden: Prakt. Arzt, Post, Bank, Lebensmittelgeschäfte, Lokale, Tankstelle, Bergrettung und Fremdenverkehrsbüro. Einen Tierarzt gibt es in Sulden nicht. Der nächste Tierarzt befindet sich im 12 km entfernten Ort Prad.

Sehenswürdigkeiten: Alte Pfarrkirche, Gampenhöfe, Ausflugslokal Kanzel, Wildgehege am Grandhotel.

Freizeitangebot mit Hund wie bei Sand in Taufers. Sulden ist bei Skifans bekannt als eines der schneesichersten Skigebiete überhaupt. Im "Haus der Berge" (Sitz der Bergrettung in Sulden) finden Dia- und Filmvorträge zur Thema "Bergwelt" statt.

Auch in Sulden werden Sie sich an den Gedanken freilaufender Schäferhunde gewöhnen müssen.

Hundefreundliche Unterkunft: Wir mieteten hier eine Ferienwohnung in dem "Haus Angelus", Forststraße 116, I-39029 Sulden (Familie Kössler), Tel: 0039-473-613091. Das Haus liegt in ruhiger Ortsrandlage, 10 Minuten Gehzeit in den Ortskern. Der Hund wird in diesem Haus nicht extra berechnet. Mit dem Hund ist man innerhalb von 5 Minuten an Flächen, wo er sein "Geschäft" verrichten kann. Die Wohnung bestand aus einem großen Wohnraum mit Balkon (Couch, Eßecke, Buffet, Fernseher, Telefon, gr. Kleiderschrank), separater Küche, ausgestattet mit allem, was man so braucht (kein Geschirrspüler, keine Mikrowelle), Bad mit Dusche/WC und einem großen Schlafzimmer mit Balkon (gr. Bett, gr. Kleiderschrank, ein Sessel und zwei Nachttische). Die Einrichtung war nur teilweise neu, aber zweckmäßig. Zum Zeitpunkt unseres Urlaubes waren von den drei Ferienwohnungen im Haus zwei an Hundehalter vermietet. Bettwäsche, Handtücher, Küchenhandtücher, Toilettenpapier und Geschirr wurden gestellt, außerdem brachte Frau Kössler jeden Morgen frische Brötchen.

Verkehrsamt Sulden, I - 39029 Sulden am Ortler, Tel: 0039-473-613015 und 613088, Fax: 0039-473-611677.

Hundefreundliche Restaurants und Lokale am Ort

"Hotel/Restaurant Sayonara", Räumlichkeiten, Speisen und Service sind durchschnittlich. Eine besondere Atmosphäre bietet das Lokal nicht.

"Park Hotel/Hartmann`s Weinstube", das zum "Park Hotel" gehörende Restaurant "Hartmann`s Weinstube" bietet eine urgemütliche, stilvolle Atmosphäre. Das Essen ist ausgezeichnet, ebenso der Service. Im Lokal finden auch des öfteren Veranstaltungen wie z.B. Folkloreabende statt. Zu empfehlen sind: Schweinshaxe, Kaiserschmarrn,

"Hotel Cevedale", das Restaurant des "Hotel Cevedale" bietet durchschnittliche Küche und guten Service, der Eßsaal vermittelt nicht viel Atmosphäre.

"Roland`s Bistro/Pizzeria", (auch Pizza zum Mitnehmen) hübsche Pizzeria, modern aber gemütlich, die Speisekarte bietet eine gute Auswahl. Zu empfehlen: Knoblauchbrot mit Pilzen und Speck, Pizza Diavolo (scharf),

"Hotel Zur Post", sehr stilvolle und urgemütliche Atmosphäre, besonders in der Stube, reichhaltige Speisekarte. Das Essen war vorzüglich und der Service gut. Der Besitzer persönlich kümmert sich um das Wohlbefinden seiner Gäste.

"Hotel/Restaurant Gertrud", großer Eßsaal, keine besondere Atmosphäre, Service und Essen durchschnittlich.

"Toni`s Bärenhöhle", das Lokal ist sehr modern, aber hübsch. Ein sehr beliebter Treff während der Skisaison, Essen und Service waren gut. Zu empfehlen: Polenta mit Gorgonzola, Bärenmakkaroni und Tiroler Räucherteller.

"Jausenstation/Felsenkeller Rumwaldhof", das Lokal liegt nicht im Ortskern, sondern in Außersulden an der Serpentinenstraße Richtung Gomagoi. Die Atmosphäre ist sehr urig, gemütlich und familiär. Ihr Hund ist hier nicht nur gut gelitten, sondern willkommen. Da dieses Buch für Hunde und ihre Halter gedacht ist, möchte ich diesem Haus etwas mehr Platz einräumen. Die Besitzer der Jausenstation haben selbst eine Schäferhündin "Meggi", die sich, genau wie Gasthunde, auf dem gesamten Grundstück und im ganzen Haus frei bewegen darf. Hier können Sie auch Kleinigkeiten zu essen bekommen. Das erste Mal waren wir tagsüber hier. Wir hatten uns draußen an einen der drei Tische auf der Terrasse gesetzt. Der Bauer kümmert sich um Weiden und Vieh und betätigt sich nebenbei als Bergführer, die beiden Söhne helfen bei der Feldarbeit ebenso, wie beim Bedienen, und die Bäuerin bedient und ist gleichzeitig die Köchin. "Charly" und "Meggi" verstanden sich vom ersten Moment an toll. Während wir auf der Terrasse saßen, zeigte „Meggi" unserem "Charly" ihr gesamtes Territorium. Die Hunde liefen über die Weiden und spielten Fangen.

Der Felsenkeller des Rumwaldhofes bietet abends zum Essen rustikale Atmosphäre pur. Der dunkle Gewölbekeller verfügt nur über vier Tische und hat mit dem, was man üblicherweise unter einem "Restaurant" versteht, nicht viel gemeinsam. Erwarten Sie keinen Luxus oder stilvolles. Aber was Sie in diesem Haus erwarten können: Vorzügliche Hausmannskost, herzliche Aufnahme und wahrscheinlich das urigste Lokal, in dem Sie je zu Abend essen werden. Ich kann mich an kein Lokal erinnern, in dem ich mich mit Hund je so willkommen gefühlt habe, wie hier. Wir hatten den "Bauernschmaus" am Vortag vorbestellt. Bedient wurden wir vom jüngsten Sohn des Hauses, Mirco.

Wir saßen auf massiven Holzbänken bei schummeriger Beleuchtung an einem schweren Holztisch. Die Sitze, Bänke und Schemel waren teilweise halbierte Baumstämme. Die Lampenschirme waren Brotkörbchen, verziert mit Stoffvolants. Ein riesiger Steinkamin befand sich im Raum. Die Tische waren alle unterschiedlich, genauso wie die Sitzgelegenheiten. Das Geschirr und Besteck entstammte offensichtlich einem wilden Sammelsurium. Kein Teil paßte zueinander. Die Wände rundherum waren Felsgewölbe.

Mirco bediente uns barfuß, für unseren Wein brachte er uns Sherrygläser, andere Gläser waren wahrscheinlich gerade nicht zu finden. Mir ist klar, das beschriebene Lokal liegt mit Sicherheit nicht vielen Urlaubern. Ich bin ein Mensch, der das liebenswert originelle im Leben jederzeit dem Luxus vorzieht. Es war so rührend, wie bemüht der Junge war. Wenige Minuten nach unserem Eintreffen stand der "Bauernschmaus" auf dem Tisch. Eine riesige Schüssel mit Sauerkraut, Rippchen, Würstchen und Klößen kam auf den Tisch. Es dampfte und roch verführerisch. Mirco fragte ob "Charly" auch Knochen haben dürfe. Hier ist zu beachten, daß Knochen vom Schwein nicht zu empfehlen sind, und grundsätzlich ein Hund nicht zu viele Knochen gefüttert bekommen sollte (Verdauungsprobleme bis hin zum Darmverschluß). Als ich zustimmte, verschwand er mit "Meggi" und "Charly". Unseren Hund sahen wir vorläufig nicht wieder. "Meggi" und Mirco zeigten "Charly" das ganze Haus. Als ich nach dem Essen den Hund suchen ging, lag er mit "Meggi" in der Küche unter dem Tisch. Die Bäuerin stand am Herd, der Bauer, sein ältester Sohn und ein Nachbar saßen an dem Tisch und spielten irgendein Brettspiel. Ich glaube, wenn ich "Charly" nicht geholt hätte, wäre er auf dem Rumwaldhof bei seiner "Verlobten" eingezogen. Die Bäuerin erzählte uns, daß sie in Zukunft auch Zimmer vermieten wolle. Wir besuchten den Rumwaldhof mehrmals in dem Urlaub, und es wird mir schon wegen des Hundes immer eine der schönsten Erinnerungen bleiben.

c) Gaschurn/Hochmontafon/Österreich

Gaschurn liegt im Hochmontafon und gehört zum Bezirk Bludenz. Der Ort hat 2.350 Einwohner und liegt auf 979 m. Am Ort finden Sie Arzt, Apotheke, Lebensmittelgeschäfte, Lokale, Post etc. vor.

Sehenswürdigkeiten des Ortes: Wallfahrtskirche Maria Schnee, alte Montafoner Häuser im einheimischen Baustil.

Für die Freizeitgestaltung mit dem Haustier Hund bieten sich hier die gleichen Dinge, wie in Sand in Taufers und Sulden, nämlich je nach Saison Wandern, Skiwanderungen und Langlaufski.

Im Ort müssen Sie mit freilaufenden einheimischen Hunden rechnen.

Verkehrsamt Gaschurn, A - 6793 Gaschurn.

Hundefreundliche Unterkunft: Für diesen Urlaub mieteten wir eine Ferienwohnung im Apartmenthaus Immler, Nr. 93 c, A - 6793 Gaschurn, Tel.: 05558-8810 (Fam. Immler). Die Ferienwohnung verfügte über eine ausgezeichnete Ausstattung. Das Haus ist neu und so auch die Einrichtung. Ein gemütlicher Wohnraum mit Sitzecke, Couchtisch, Eßecke, Kleiderschrank, Fernsehtisch, Fernseher, Telefon und großem Balkon. Eine abgetrennte Küche zwischen Wohnzimmer und Schlafzimmer in der wirklich alles vorhanden ist, auch Mikrowelle und Geschirrspüler. Ein großes Bad mit Dusche/WC. Das Schlafzimmer mit einem großen Bett, Nachttischen und noch einem gr. Kleiderschrank. Alle Möbel sind aus hellem Holz. Familie Immler besitzt selbst einen Hund, einen Pekinesenrüden. Natürlich darf der Gast mit seinem Hund auf die Liegewiese. Im Nachbarhaus gibt es auch einen Hund, ein Neufundländerrüde, der ab und zu alleine "Gassi" geht. Das Haus liegt am westlichen Hang des Montafon etwas außerhalb vom Ortskern, aber direkt an einer Durchgangsstraße.

Hundefreundliche Restaurants und Lokale am Ort

"Hotel/Restaurant Alpili", sehr gemütlich, rustikal und stilvoll. Service und Essen war sehr gut. Zu empfehlen: Hirschragout.

"Illstüberl", von der Atmosphäre her eher wie eine "Kneipe", nicht wie ein Restaurant, Service und Essen waren o.k. Zu empfehlen: Knoblauchsuppe.

"Pizzeria Ciao" in St. Gallenkirch, Inhaberin ist die Tochter der Familie Immler (Vermieter). Moderne Pizzeria mit gutem Service und sehr gutem Essen (italienische Nudelgerichte und verschiedene Arten Pizza). Zu empfehlen: Nudeln mit Knoblauchsoße.

"Gasthof Traube" in Gortipohl, ein großer Eßsaal mit wenig Atmosphäre und damals mit einem völlig überforderten Kellner. Essen war gut. Der Service hätte besser sein können.

"Bärenhöhle", ein sehr gemütliches, kleines Restaurant in Gaschurn, mit sehr gutem Service und vorzüglichem Essen. Der Wirt kocht selbst. Er ist Besitzer eines wunderschönen Huskyrüden. Zu empfehlen: Krebssuppe, Geschnetzeltes in Rahmsoße, Pizza Diavolo (scharf), Gorgonzola Pizza.

"Hotel/Restaurant Saladina", sehr gepflegtes Restaurant, Einrichtung in hellem Holz gehalten, mit angenehmer Atmosphäre. Das Essen war, genau wie der Service, sehr gut. Der Inhaber ist sehr bemüht um seine Gäste und steht auch selbst mit in der Küche. Zu empfehlen: Schweinshaxe, Käsespätzle.

"Hubertusklause" in Partenen, jeder Geschmack ist zum Glück verschieden, aber meines Erachtens eignet sich das Lokal am besten für Reisegruppen. Zwar ist das Lokal gemütlich hergerichtet, aber das hilft bei dem ziemlich gleichgültigen Service und durchschnittlicher Küche auch nicht viel. An dem Abend, an dem wir das Lokal aufsuchten, war die Schunkelmusik (live) ohrenbetäubend laut. Um irgendwo ein Bier zu trinken, ist das vielleicht die richtige Atmosphäre, aber nicht für ein gemütliches Abendessen. Ich möchte noch einmal betonen, daß dies meine ganz persönliche Meinung ist, und es natürlich viele Gäste gibt, die so etwas mögen.

"Hotel/Restaurant Post", im Ortskern von Gaschurn, vornehm, rustikal, stilvoll und gemütlich. Guter Service und sehr gutes Essen.

Vor einem hochalpinen Bergwanderurlaub sollten Sie sich auf jeden Fall Fachliteratur besorgen, um Ihre Wanderrouten sicher planen zu können. Sie benötigen Wanderführer, Hüttenführer und Wanderkarten für das Gebiet Ihrer Wahl. Wie schon erwähnt, haben wir die in diesem Buch beschriebenen Wanderungen alle mit unserem Hund unternommen. Die Wanderungen und Erlebnisse wurden von mir in Reisetagebüchern festgehalten, die auch die Grundlage für dieses Buch bilden. Natürlich gibt es Wanderführer und andere Literatur zu allen Gebieten von verschiedenen Verlagen. Die nachfolgend benannte Literatur wurde von mir zur Planung unserer Wanderungen und auf den Wanderungen selbst verwendet. Sie soll nur ein Beispiel für das vielfältige Material darstellen, daß auf dem Markt erhältlich ist:

Wanderführer

a) Kompass Wanderbuch Nr. 955 "Pustertal - Tauferer Ahrntal", (Verlag) Heinz Fleischmann GmbH u. Co, Redaktion Dr. Helmut Teutsch.
b) Kompass Wanderbuch Nr. 950 "Vinschgau-Ortlergruppe", (Verlag) Heinz Fleischmann GmbH u. Co., Redaktion Dr. Helmut Teutsch.
c) Kompass Wanderbuch Nr. 910 " Arlberg-Silvretta", (Verlag) Heinz Fleischmann GmbH u. Co., Redaktion Dr. H. Teutsch.
d) "Wandern im Ortlergebiet", Autor Karl-Heinz Rochlitz, Verlag J. Berg.
e) "Montafon", Autoren Jörg und Hilda Heine, Bergverlag Rother.

Hüttenführer

a) "Die Alpenvereinshütten" Band I: Ostalpen, Bergverlag Rother.
b) "Hüttenführer Südtirol", Autor Hans Kammerer, Verlag J. Berg.

Wanderkarten

a) Kompass Wanderkarte Nr. 41, Silvretta - Verwallgruppe.
b) Kompass Wanderkarte Nr. 032, Alpenpark Montafon.
c) Kompass Wanderkarte Nr. 082, Ahrntaler Berge-Monti di Valle Aurina.
d) Kompass Wanderkarte Nr. 72, Ortler/Cevedale